教育部人文社会科学重点研究基地 四川大学南亚研究所
国家"985工程"四川大学南亚与中国藏区研究创新基地

南亚前沿问题研究丛书

印度农业合作经济组织发展研究

黄正多 著

巴蜀书社

教育部人文社会科学重点研究基地四川大学南亚研究所
国家"985工程"四川大学南亚与中国藏区研究创新基地

南亚前沿问题研究丛书

学术顾问（以姓氏笔画为序）

冉光荣　任　佳　孙士海　孙培钧
沈丁立　郁龙余　罗中枢　周　刚
赵干城　赵昌文　程瑞声　谭　中（印）

编委会名单（以姓氏笔画为序）

文富德　尹锡南　李　涛　杨文武
杨翠柏　陈继东　张　力　张　立
张　伟　欧东明　段志洪　高　伟
晏世经　徐开来　谢代刚　霍　巍
戴永红

主　　　编：文富德　李　涛
副 主 编：张　力　陈继东　谢代刚
编 辑 助 理：曾祥裕

总　序

当前，世界形势正发生重大而深刻的变化。一大批新兴国家的发展和壮大，使国际格局不断向有利于和平与发展的方向演进。由印度、巴基斯坦、孟加拉国、阿富汗、斯里兰卡、尼泊尔、不丹、马尔代夫组成的南亚区域合作联盟，其总面积超过400万平方公里，人口超过13亿，已成为新兴国家中一支重要的力量。

南亚各国是中国的近邻，中国人民同南亚各国人民有历史悠久的深厚友谊。近年来，中国同南亚各国的友好关系取得了令人鼓舞的新发展。中国和南亚各国的友好往来日趋频繁，经贸合作不断增加，文化交流丰富多彩。中国已成为南亚区域合作联盟的观察员。和平、友好、互信、合作，是中国和南亚各国关系呈现的四大可喜的特点。了解南亚，研究南亚，更成为中国各界人士的共同愿望。

四川大学南亚研究所是教育部人文社会科学重点研究基地。该所和该所支撑成立的教育部"985"工程四川大学南亚与中国藏区研究创新基地一起，在南亚研究方面进行了大量的工作，已成为我国南亚研究的重要中心之一。该所过去编辑出版的《南亚基地丛书》内容丰富,研究深入,是当今我国十分难得的有关南亚的一套宝贵的丛书。现在,根据当前的形势需要,该所和"985"基地又编辑出版《南亚前沿问题研究丛书》,相信一定会获得广大读者的欢迎。

我谨对这套丛书的出版表示衷心的祝贺,并对笔耕不辍、辛勤工作的作者们致以崇高的敬意。

中国前驻印度大使

四川大学南亚研究所讲座教授

程瑞声

2008 年 4 月

目 录

前 言 ………………………………………………… (1)
第一章 导 论 ……………………………………… (1)
 第一节 选题的背景及意义 ………………………… (1)
 第二节 国内外研究的文献综述 …………………… (6)
 第三节 相关概念的界说 …………………………… (12)
 第四节 研究方法和研究重点 ……………………… (19)
第二章 相关的理论梳理 …………………………… (21)
 第一节 合作经济的思想及理论渊源 ……………… (21)
 第二节 西方的合作经济思想及理论 ……………… (28)
 第三节 马克思列宁主义的合作经济思想及理论 … (42)
第三章 印度农业合作经济组织的历史发展 ……… (47)
 第一节 独立前印度农业合作经济组织的产生
    与发展 ……………………………………… (47)
 第二节 独立后印度农业合作经济组织的发展 …… (58)
 第三节 简要的评价 ………………………………… (82)

第四章 印度农业合作经济组织的特点、类型及发展趋势 （85）
  第一节 印度农业合作经济组织发展的特点 （85）
  第二节 印度农业合作经济组织发展的类型 （91）
  第三节 印度农业合作经济组织的发展趋势 （109）

第五章 印度农业合作经济组织的内部组织体系和运营机制 （113）
  第一节 印度农业合作经济组织的法律规定 （113）
  第二节 印度农业合作经济组织成员的加入与退出 （119）
  第三节 印度农业合作经济组织的组织结构和内部产权结构 （122）
  第四节 印度农业合作经济组织的运营机制 （126）

第六章 印度农业合作经济组织发展中的外部保障机制 （134）
  第一节 政府主导的必要性分析 （136）
  第二节 政府的制度导向 （138）
  第三节 政府的政策支持 （144）
  第四节 简要评价 （149）

第七章 农业合作经济组织与印度农业发展 （152）
  第一节 印度农业发展的现状及其特点 （153）
  第二节 印度农业现代化发展缓慢的主要原因 （159）
  第三节 以合作制为核心的农业制度化发展战略的选择 （166）
  第四节 农业合作经济组织对印度农业发展的作用 （171）
  第五节 简要评价 （178）

第八章 农业合作经济组织与印度农村发展 ………………(179)
　第一节 农业合作经济组织与反贫困 ………………………(180)
　第二节 农业合作经济组织与就业 …………………………(190)
　第三节 农业合作经济组织与新农村建设 …………………(196)
　第四节 简要评价 ……………………………………………(201)
第九章 印度农业合作经济组织发展的经验、教训
　　　　和启示 …………………………………………………(203)
　第一节 印度农业合作经济组织发展的经验 ………………(203)
　第二节 印度农业合作经济组织发展存在的不足 …………(209)
　第三节 印度农业合作经济组织发展的启示 ………………(213)
参考文献 ………………………………………………………(221)
后　记 …………………………………………………………(235)

前　言

国外农业合作经济组织的研究，一直备受人们的关注，尤其是在中国农村合作社事业蓬勃发展的背景下。但是，多数研究者都把研究的重点放在了欧美等市场经济成熟的国家。然而欧美发达国家，其合作经济组织的发展历史悠久，合作经济组织发展到今天的程度和规模主要缘于其成熟的市场经济环境、特有的资源特征、产业结构和人文传统等条件。这些条件与中国的国情不同，如果把欧美发达国家发展合作经济组织的经验引用到中国，就需要一个漫长的适应过程。

印度农业合作经济组织发展的历史较为悠久，从20世纪初印度建立合作社至今已有一个多世纪的历史。在这100多年中尤其是独立以后，印度的农业合作经济组织在政府的大力扶持和引导下，通过科学办社、民主办社、依法办社，走出了一条把农业合作经济组织的建立、发展同农业产业化相统一，实现产、加、销高度一体化，把合作经济组织的机制和发展优势与公司制度的灵活、自主和规范结合在一起，建立合作社形式的大型商业企业的发展道路。相比而言，同属发展中的大国，印度在国情、发展道路等方面都与中国比较相似,尤其是两国都是农业和人口大国,都面临发展农业经济,解决众多人口的温饱,增加农民收入,促进国民经济发展的重要任务。从农业发展的资源禀赋结构来说,印度和中国都是一个农业劳动力丰富,而土地相对不足的国家,且小农经济占绝对优势,每个农户的经营规模较小。因此,相似的国情及资源禀赋条件,使得印度发展农业合作经济组织的经验对中国将会更有借鉴的价值。

正是出于上述考虑,本书力图对印度农业合作经济组织的发展历程,内部的管理体系和运行机制,外部的保障机制,及农业合作经济组织对农业、农村发展的作用与影响等进行较为深入的研究。以期借鉴印度的相关经验,促进中国农业合作社事业的良好发展。

对印度农业合作经济组织的研究,离不开对合作经济组织发展历程及相关理论的分析。因此,本书首先从分析合作经济思想的产生与发展、西方的合作经济理论以及马克思主义的合作经济思想入手来把握合作经济思想理论的发展脉络,为印度农业合作经济组织的研究奠定思想和理论上的基础。然后分析印度传统文化中的合作思想,以及甘地和尼赫鲁等印度重要人物的农业合作思想,勾画出印度农业合作经济组织发展的文化背景和思想基础。在此基础上分析印度独立前后农业合作经济组织的发展和变迁,并对其特点、类型以及产生发展的原因进行探讨。在研究了发展历程后,本书将深入到组织内部,来探讨印度农业合作经济组织的内部组织体系和运营机制。随后对农业合作经济组织发展中的外部保障机制,农业合作经济组织在印度农业和农村发展中的重要地位和作用进行分析和研究。最后对发展过程中存在的经验和教训进行总结，以借鉴其有益的经验，促进中国农民专业合作社更好地发展。

第一章导言。

第二章在总结各个历史时期主要代表人物的合作经济思想和理论的基础上，分析了合作经济思想的产生、发展、变迁过程以及理论渊源，包括西方的合作经济思想、理论和马克思主义的合作经济思想与理论。

第三章从印度农业合作经济组织的发展历程入手，对独立前印度农业合作经济组织产生与发展的原因和背景，甘地和尼赫鲁的农业合作思想以及独立后迅速发展的原因进行了分析和研究。作者认为独立前印度农业合作经济组织之所以能产生并得到一定程度的发展，主要是由于在当时的历史条件下印度农村地区已经存在合作经济组织产生的客观条件。独立后，印度的农业合作经济组织在政府的引导下得到了快速的发展，本章从不同的发展阶段对其独立后的发展过程和原因作了较为详细的介绍和分析。

第四章分析印度农业合作经济组织发展的特点、类型，以及未来的发展趋势。印度的农业合作经济组织经过100多年的发展，在印度独特的政治经济和社会背景的影响下，形成了一些比较明显的特点，比如在发展过程中政府的作用明显，信贷合作社在整个合作经济组织中具有重要地位等。随着印度经济和世界合作运动的不断发展变化，印度农业合作经济组织的发展还表现出了规模的大型化、综合化，管理的企业化和国际化趋势。

第五章对印度农业合作经济组织的内部管理体系与运营机制进行分析和研究，以探寻其成功的内部因素。内容主要包括印度农业合作经济组织的法律规定，成员的加入与退出，组织结构和内部产权结构以及决策机制,财务管理及收益分配机制,监督约束机制和激励机制等。

第六章分析印度农业合作经济组织发展中的外部保障机制,探寻其成功的外部因素。通过分析,认为外部保障机制主要有两个方面的内容:一是通过政府的制度导向建立完善的法制体系和监管体系,积极推行经济体制的调整和土地制度的改革。二是建立良好的政策支持体系包括制定优惠的税收和信贷政策,加大技术扶持和财政支持的力度,增加人力资本的投入,建立人才支撑体系等。

第七章探讨农业合作经济组织在印度农业现代化发展中的重要地位和作用。首先分析总结了印度农业发展的现状、特点和印度农业发展缓慢的原因,在此基础上对农业合作化在印度农业发展中所处的重要地位进行了研究。最后分析了农业合作经济组织对印度农业现代化发展的作用。

第八章为印度农业合作经济组织对印度农村发展的作用。印度是一个人口众多、农业还比较落后的发展中国家。贫穷和失业是长期以来困扰印度的两大社会问题,贫穷和失业在印度农村尤为严重。本章就着重探讨农业合作经济组织在解决这两大社会难题,促进印度现代化新农村建设所发挥的积极作用。

第九章是对印度农业合作经济组织发展的经验和教训进行分析和总结。印度的农业合作经济组织具有较为悠久的历史,在发展的过程中积累了很多的经验,但也还存在不少的问题,对此进行分析和研究,可以借鉴印度的相关经验,探讨中国的农民专业合作社如何得到快速的发展,如何在中国社会主义新农村的建设中发挥更大的作用。

本书的主要创新在于，第一，研究内容上的创新。对印度的农业合作经济组织及其相关问题进行较为系统的研究，这在国内还很少有人涉及，而对这一问题进行探讨对中国农民专业合作社的发展具有重要意义。第二，研究的方法和思路上也都具有一定的创新性。本书分析印度的传统文化中的合作思想以及甘地和尼赫鲁等印度重要人物的合作思想，勾画出印度农业合作经济组织发展的文化背景和思想基础。然后探讨了在这样的文化背景和思想基础上印度如何结合国家的具体国情来发展自己的农业合作经济组织，做到了历史分析和现实研究想结合。第三，提出了印度农业合作经济组织发展的影响因素。通过对农业合作经济组织历史发展和现实运行的分析，归纳出两个影响农业合作经济组织发展因素：一是内在因素，主要包括生产力发展水平、内部的组织管理体系和运行机制等方面；二是外在因素，主要指国家相关的法律、政策和外部经济环境。第四，总结出了印度农业合作经济组织成功的最重要经验，即把合作社的建立、发展同农业产业化相统一，实现合作社机制与公司制度的结合，建立合作社形式的大型商业企业。

不足之处，第一，由于在资料收集尤其是一些数据收集上还不够充分，所以很少运用一些数理的方法对印度农业合作社进行定量的分析。第二，在对印度农业合作社运营机制和未来的发展趋势上的分析还还有待于进一步深化。这是本书的一个缺憾，但同时也是继续深入研究的方向。

第一章 导 论

第一节 选题的背景及意义

农业合作经济组织是个老话题,又是个新事物。从英国创立的世界上第一个成功的合作社——罗奇代尔公平先锋社至今,合作经济组织的发展已经走过了160多年的历史,现已遍布世界160多个国家和地区。全世界约有8亿多人是合作社成员。亚洲约有4530万人是信贷合作社联盟的成员。阿根廷有12670个合作社,930万人加入了合作社,占总人口的23.5%。在加拿大,每10个人中有4个人至少是一个合作社的成员,其中萨斯喀彻温省约有56%的人加入了合作社,而在魁北克,这一比例高达70%。德国有2000万人是合作社的成员,约占总人口的1/4。日本每3个家庭中就有1个是合作社的成员。印度有2.39亿人是合作社的成员。在马来西亚,全国人口的24%,约590万人是合作社的成员。新加坡人口的50%是合作社的成员。合作社在很多国家的国民经济中扮演了重要的角色。在巴西,合作社对农业 GDP 的贡献达到 40%,承担了农业总出口的 6%。2006 年,巴西合作社向 137 个国家出口了价值约 28.3 亿美元的 750 万吨农产品。加拿大枫糖合作社生产了世界枫糖产品的 35%。在丹麦,消费者合作社在 2007 年占有消费零售市场的 36.4%。在法国,10 个农场主中有 9 个是合作社成员;合作社银行吸收了总储蓄额的 60%,有 25% 的法国零售商是合作社。在日本,农业合作社成员占到农民总数的 91%,生产了 900 亿美元的产品。消费者合作社在 2007 年占有食品市场份额的 5.9%,营业额达到了 340.48 亿美元。在韩国,农业合作社有 200 万农民社员(占农民总数的 90%),生产了 110 亿美元的产品,韩国渔业合作社的市场份额达到 71%。在新西兰,国内生产总值的 22% 是由合作社企业创造的,合作社占有奶产品市场的 95% 和奶产品出口市场的 95%,他们占有肉类市场的 70%,农用生产资料供应市场的 50%,化肥市场的 70%,药品批发市场的 75%,食品杂货市场的 62%。在美国,有 30 个以上的合作社,其年收入超过 10 亿美元。2003 年,名列美国前 100 位的合作社,其年度收入合在一起达到 1170 亿美元。另外,美国约有 30% 的农产品是通过 3400 个农民合作社销售出去的。在世界范围内合作社提供了大约 1 亿个工作岗位,这甚至比跨国公司提供的工作岗位还要多 20%。阿根廷合作社为 23.3 万人提供了直接的就业机会。法国的 2.1 万个合作社提供了 400 万份工作。德国的 8106 家合作社为 44 万人提供了就业。意大利的 7.04 万个合作社在 2005 年提供了100万份工作。肯尼亚的合作社雇佣了25万人。①

从以上的数据可以看出，合作经济组织在世界很多国家都发挥着重要的经济和社会作用。从合作经济组织的发展历程可以看出，合作经济组织是商品经济高度发展的产物，是农民（或农场主）为了适应商品经济发展的需要而自发组织起来的。农民的组织化水平，与农业的商品化、社会化、现代化程度一样，是一个国家农业发达状况的重要标志。世界各农业发达国家农业发展的进程和现状表明，农业生产与市场的变化大多经历了以农民家庭和私人农场为基础的横向与纵向联合的阶段，即随着生产与市场的发展，农民的组织化程度是一个不断提高的过程。② 实践证明，各种农业合作经济组织的建立和良好的运行促进了农业生产力的发展，对于保护农民利益，加速实现农业产业化，促进农业的现代化，提高农民素质，实现农民共同富裕，建设社会主义新农村，促进农业适应WTO要求，参与国际竞争具有重要作用。因此，对农业合作经济组织进行研究是很有意义的。

1978年，党的十一届三中全会以后中国开始了以家庭承包经营为代表的农业改革。家庭承包经营制度的建立和推行为农业和农村经济注入了新的活力，促进了农民收入恢复性增长，加快了农业结构调整的步伐，大大提高了农村生产力水平，促进了中国农业的迅速发展，也为整个国民经济的高速发展奠定了坚实的基础。但农村经济制度改革也形成了中国农业以小规模农户为基

---

① 国际合作社联盟（ICA）网站，http：//www.ica.coop/coop/statistics.html#members
② 程同顺：《中国农民组织化研究初探》，天津人民出版社，2003年版，第18页。

本组织单元的生产经营格局，在一定程度上造成了农户生产经营过度分散化和非组织化问题。随着农村生产力的发展和社会主义市场经济体制的逐步建立，随着中国农产品供求格局的变化、中国加入WTO和农业产业化进程的逐步推进，传统的单家独户的生产方式就体现出了生产规模小、资金实力弱、技术水平低的弊端，因而在激烈的市场竞争中处于劣势，"小农户"和"大市场"之间的矛盾变得日益尖锐。此时的单个农户迫切需要一个能够表达和维护自己经济利益的组织。与此同时，随着农村经济体制改革的逐步深入，中国农村初步具备了按照真正的合作制原则发展合作经济的环境条件：产权相对独立的农户经济；以利益最大化为目标的商品经济；以市场配置资源的基本经济制度等。在内外条件的推动下，农民专业合作社作为一种将农民组织起来进入市场的制度安排应运而生。从20世纪80年代中期开始，各种类型的农民专业合作社在全国各地得到快速发展。

此外，中央和地方各级政府已经充分认识到农民专业合作社对推动中国经济尤其是推动中国农业持续、快速、健康发展，解决"三农问题"的重要意义，并对中国农民专业合作社的发展给予了高度重视。《中华人民共和国国民经济和社会发展第十一个五年规划纲要》提出，要推进农业服务组织和机制创新，鼓励和引导农民发展各类专业合作社，提高农业的组织化程度。党的十七届三中全会通过的《中共中央关于推进农村改革发展若干重大问题的决定》将建立农民专业合作社提高到了一个新的高度，该决定指出"有条件的地方可以发展专业大户、家庭农场、农民专业合作社等规模经营主体"，要"推进农业经营体制机制创新，加快农业经营方式转变。家庭经营要向采用先进科技和生产手段的方向转变，增加技术、资本等生产要素投入，着力提高集约化水平；统一经营要向发展农户联合与合作，形成多元化、多层次、多形式经营服务体系的方向转变，发展集体经济、增强集体组织服务功能，培育农民新型合作社，发展各种农业社会化服务组织，鼓励龙头企业与农民建立紧密型利益联结机制，着力提高组织化程度。按照服务农民、进退自由、权利平等、管理民主的要求，扶持农民专业合作社加快发展，使之成为引领农民参与国内外市场竞争的现代农业经营组织。"[①] 2010年的中央1号文件进一步明确提出"大力发展农民专业合作社"，并就支持和促进农民专业合作社发展提出了一系列政策措施。主要包括：新增农业补贴适当向农民专业合作社倾斜；深入推进示范社建设行动，对服务能力强、民主管理好的合作社给予补助；各级政府扶持的贷款担保公司要把农民专业合作社纳入服务范围，支持有条件的合作社兴办农村资金互助社；扶持农民专业合作社自办农产品加工企业；全面推进"农超对接"，减少流通环节，降低流通成本。[②] 中国还于2006年10月31日通过了农民专业合作社法，2007年7月1日已正式施行。一些省市也出台了一些相关的农民合作社的地方法规。相关法规的出台赋予了中国农民这个最大弱势群体的自助经济组织特殊法人资格、地位，给予法律保障和保护。中央和地方各级政府在农民专业合作社的发展中所给予的一系列宏观政策、法律、资金等方面的支持和制度上保障，有助

---

① 党的十七届三中全会通过的《中共中央关于推进农村改革发展若干重大问题的决定》
② 《扶持农民专业合作社发展是2010年党的强农惠农政策之一》，中国农业信息网：http://www.cfc.agri.gov.cn

于建立和完善农民专业合作社的各项管理制度,促进农民专业合作社的规范、快速发展。截至2008年底,全国实有农民专业合作社11.09万户,比2007年底增长了316%;实有成员总数141.71万个,成员出资总额880.16亿元,比2007年底增长了近400%。[①]

近年来,中国农民专业合作社在政府的引导、支持和帮助以及农户的积极参与下有了较快的发展,新建的合作社日益规范,原有的也在不断地调整,发展趋势良好。但是,中国农民专业合作社的发展毕竟还处于初级阶段,农民专业合作社的发展还存在一些问题。为了更好的促进中国农民专业合作社的发展,深入研究和探讨国外农业合作经济组织的发展是很有必要的。

作为一个发展中的人口大国,印度在国情、发展道路和经济发展水平等方面都与中国比较相似,所以分析印度发展农业合作经济组织的经验将对中国的合作社事业的发展提供有益的帮助和更好的借鉴价值。

第二节 国内外研究的文献综述

(一)国内部分

国内对于印度农业合作经济组织及其相关问题的研究是和印

---

① 《我国农民专业合作社发展步入"快车道"》,新华网,2009年4月20日

度经济的高速发展以及中国"三农问题"的提出联系在一起的。一方面由于印度自20世纪90年代初经济改革以后,尤其是进入21世纪以来印度经济进入到高速发展的快车道,印度经济引起了世界的瞩目。另一方面,进入21世纪以后中国正式提出"三农问题",并随之迅速成为中国政府需要解决的头号问题。因此,在这样的背景下国内学者开始重视对印度农业合作经济组织及其相关问题的研究。研究的成果大致可以分为三个方面,一是通过报刊以新闻资料的形式对印度农业合作经济组织进行简要介绍的成果。如郭晓茹在《中华合作时报》2007年3月30日第3版的文章《印度农村信用体系一瞥》,文章介绍了印度农村信用体系中农民信贷供给的实现途径,印度合作银行在印度农村金融体系中起到的重要作用。还有郭晓茹在《中华合作时报》2007年3月29日第B04版农资专刊中的文章《印度农民化肥合作社印象》,文章对印度化肥合作社的发展现状和销售方式等作了简单的介绍。《中国社会报》2007年4月9日第7版罗柯的《印度合作社的发达离不开政府支持》对印度合作社的发展概况、印度合作社发展中政府的重要作用进行了简要的描述。

二是对印度农业合作经济组织进行分类具体研究的成果。如冉杰在《南亚研究季刊》2008年第一期发表的《印度农村信用合作机构改革及其对中国的启示》。文章就印度农村信用合作机构的发展与体制演变包括独立前发展简况、独立后的政策演变以及现行体制结构,印度农村信用合作机构面临的资金基础薄弱、体制不合理等困境,印度农村信用合作机构在体制、资本结构和经营监管模式上的改革等问题进行了分析和探讨。最后文章总结了印度农村信用合作机构改革对中国的启示:第一,必须明确农村信用合作机构的定位；第二，必须减少行政干预；第三，重视扩大资金来源和渠道；第四，必须严格金融监管标准和强化基层管理。

陈玉宇在《改革》1996年第4期撰写的《印度农村信贷合作社的盛衰——农村金融扶贫中的商业原则和政策干预》，该文首先对印度合作社的发展历史作了简要的回顾和考察，然后分析了印度信贷合作社的雷弗逊模式，信贷合作社的组织管理，合作社的官僚体系。最后作者对信贷合作社失败的教训进行了总结：第一，信贷合作社必须执行商业原则，即按照市场利息提供贷款，这是信贷合作社包括其他农村金融机构得以长期存在的基础。第二，就印度教训来看，加强农村贷款者的预算约束，并不是对其限制，而是保证其健康成长的关键。第三，商业性的信贷合作社等金融机构对于向广大贫穷农民融通资金，帮助他们摆脱困境应该是有效的。但是必须避免政府将信贷合作社视作政策工具的观念。第四，为了克服小农贷款的高风险，应该在给予贷款的同时给予生产和财务上的指导。①

司马军发表的《印度的牛奶合作社》，该文探讨了印度牛奶合作社产生和发展的原因，给社员带来的好处，存在的问题，最后总结了六点启示：第一，和别的合作社一样，印度的牛奶合作社也是商品经济发展的必然产物，而不是人为的、强令推行的结果。第二，民办官助是一种好形式，政府不是包办合作社的事务，而是指导和服务于合作社，这样合作社才具有深厚的群众基

---

① 陈玉宇：《印度农村信贷合作社的盛衰——金融扶贫中的商业原则和政策干预》，《改革》，1996年第4期。

础。第三，牛奶合作社实行分散生产，集体销售，不能一讲合作社，就什么都集中，过分集中不利于调动社员的积极性。第四，生产、加工和销售联为一体对生产者和消费者都十分重要，这样做可以减少流通中许多不必要的环节。第五，牛奶生产的发展可以推动农村经济的发展。第六，为了维护奶农的经济利益，需要自下而上地成立奶农自己的各级经济组织。①

三是对印度农业合作经济组织的整体发展、作用、存在的问题以及农业合作经济组织发展中政府的作用等问题进行研究的成果。如《南亚研究》1988年孙士海发表的《印度农业合作社的发展、作用与问题》，这是一篇比较深入、系统全面地研究印度农业合作社的文章。该文对印度合作社运动的产生和发展、合作社的四种类型、合作社的作用和成就、存在的问题进行了分析和研究，最后作者还提出了自己的观点和看法：第一，要健全合作社的有关法制；第二，要引导合作社开展扶贫活动；第三，要注意对干部和管理人员的培训和教育工作；第四，各级政府要避免对合作社事务的干预和代替；最后，政府的援助应以促进合作社自身的发展能力为目标。②

司马军在《南亚研究季刊》1991年第2期发表的《试析印度合作社为农业提供的社会化服务》。该文探讨了印度合作社在农业生产领域、农业流通和消费领域所提供的社会化服务。作者认为，正是由于在农业产前、产中和产后提供的大量的社会化服务，印度的农业合作社才得到了农民的欢迎，因而发展比较迅速。

---

① 司马军：《印度的牛奶合作社》，《中国农村经济》，1986年第7期。
② 孙士海：《印度农业合作社的发展、作用与问题》，《南亚研究》，1988年第1期。

王正谱在《农村合作经济经营管理》1994年12期编译的《印度政府在农业合作社发展中的作用》,该文就印度政府在农业合作社发展中的作用,政府支持农业合作社的影响,影响印度农业合作社发展的不利因素等问题进行了分析。

冯开文在《中国农村经济》2007年第4期发表的《印度农村合作社的发展》,这是近年来一篇不可多得的系统、全面、深入分析印度农村合作社的论文。文章分阶段考察了印度农村合作社的发展历程,揭示了印度农村合作社所取得的发展成就。在此基础上,冯开文教授把印度农村合作社的发展经验概括为:法律的导向作用、政府支持合作社发展的良性模式、合作社的一体化经营和健全的组织体系。[①] 这些经验对中国农民专业合作社的发展具有重要的借鉴意义。

曹建如在《世界农业》2008年第3期撰写的《印度的农业合作社》。该文把印度的农业合作社分为奶业合作社、信贷合作社、农业销售合作社、加工和仓储合作社、耕种合作社和渔业合作社等6种类型,并在此基础上介绍了印度农业合作社的发展状况。文章还就印度农业合作社的运行模式以及政府在农业合作社发展中的作用进行了简要的分析和总结。

(二) 国外部分

就笔者掌握的资料而言,国外介绍和研究印度农业合作经济组织及其相关问题的著作较少,其中又主要是印度学者的著作,

---

① 冯开文:《印度农村合作社的发展》,《中国农村经济》,2007年第4期。

如 A. N. Agrawal 的 *Indian Economy* 用单独的一章介绍了印度的合作化运动。文章首先对合作化进行了界定并阐述了合作社对印度经济、印度社会的重要作用；其次，介绍了印度合作社发展的趋势和政府的作用；第三，介绍了印度农业合作社的组织体系；第四，对印度农业合作社的发展进行了回顾，指出了存在的一些主要问题和取得的主要成就；最后就农业合作社发展缓慢的原因进行了总结。又如 Ruddar Datthe 和 K. P. M. Sundharam 的 *Indian Economy*，在第三编"国民经济中的农业"中对合作农业、信贷合作社、销售合作社等问题进行了介绍，并作了简要的评价。还有 Ashok V. Bhuleshkar 编写的 *Towards Socialist Transformation of Indian Economy*，其中第二部分"农业和经济发展"用了大量的篇幅谈到了对印度农业合作化运动的评价，合作化运动在印度农业发展中的作用，以及信贷合作社对农业发展的意义。还有如 L. P. Singh 的 *Cooperative marketing – Cooperative Marketing in India and Abroad*。

除了学术专著之外，还有少量的论文，如 K. Ramesha 博士的论文 *Cooperative Banking and Financial Sector Reform in India Agenda for Future Research*，首先从历史的角度剖析了印度的合作化运动；然后介绍了印度的信贷合作社，并对理论框架进行了分析，最后谈到了合作社专业化的内部管理，对合作社的监督、治理等等，这是一篇无论是在资料的选择，还是在理论的运用和把握，结构的安排，论述的深入程度等方面，都处理得相当不错的论文。印度国会在 2002 年还通过了 *Multi-State Cooperative Societies Act*，对于进一步规范印度的农业合作社，促进合作社进一步的发展具有重要意义。

从以上的一些资料可以看出,国内研究印度农业合作经济组织及其相关问题的成果还是比较少的,主要是少量的一些论文,更为遗憾的是,至今还没有一部系统、全面、深入研究印度农业合作经济组织的著作。国外尤其是印度的专家学者介绍和研究印度农业合作经济组织及其相关问题的著作虽然有一些,但他们对这些问题的研究大都是放在整个印度经济中的农业经济,作为很小的一部分来进行分析和探讨的。因此,国内外学者对印度农业合作经济组织及其相关问题的研究还有待进一步深入和系统化。

第三节 相关概念的界说

(一) 合作经济含义

在中国《现代汉语词典》中,合作一词的基本含义是:互相配合做某事或共同完成某项任务。由此可见,合作是人们或组织为了实现同一目标,相互帮助,共同行动的一种方式。合作可以产生一种合力,通过合作或协作,不仅提高个人生产力,而且创造了一种新的生产力。而且合作没有阶级、国别之分,任何个人和组织都可以相互合作。合作是一个广泛的概念,合作主体、合作形式、合作内容是多种多样的,不固定的。合作采取什么样的组织形式是由合作主体及社会经济条件和环境所决定。[1] 而合作

---

[1] 唐伦慧:《合作经济理论的几个问题》,《中国合作经济》,2004年12期。

经济则是在合作的基础上产生一种经济形式,马克思主义的创始人认为:合作企业或合作经济不同于资本主义私人企业或私人经济。它是社会化生产的产物,是市场经济发展的产物,是资本主义生产方式向社会化生产方式的过渡形式。[①] 根据国际合作联盟的合作原则,合作经济是劳动群众联合起来、自愿结合组成的组织,其目的是进行自我服务、共同实现更大的利益,但是在组织内部却承认私人产权及其成员对生产个人占有的一种经济形式。我国的学者也指出合作经济是市场经济条件下的一种经济形态,是市场中的弱者面对市场的变化和激烈的竞争,联合起来自助自救,抵抗市场风险,增强竞争能力,从而达到维护自身的经济利益,或为了实现经济利益,谋求改变自身的生产条件和生活条件的目的而形成的。[②] 从这个意义上说,合作经济通常被指作为"合作社经济"。而合作经济与集体经济却存在着明显区别,在集体经济组织内,不承认个人的所有者权益。而合作经济是和市场经济相联系的,是劳动者自愿联合形成的一种经济;在合作经济组织内,充分承认和尊重个人的所有制权益,这也正是它的生命力所在。[③] 因此,我们又说合作经济是以个体经济为基础。

[①] 邹军:《合作经济的内涵及其在市场经济中的发展》,《中国集体经济》,2002年第4期。
[②] 张广智:《合作经济合作制合作经济组织》,《河南大学学报(社会科学版)》,2003年第3期。
[③] 张广智:《合作经济合作制合作经济组织》,《河南大学学报(社会科学版)》,2003年第3期。

(二) 合作制的含义

合作制是合作社经济的根本制度，其内涵既包括体现合作社性质、宗旨、目的、合作社价值和伦理价值的合作社原则、具体的合作社组织章程，也包括合作社企业的经济管理制度，即法人治理结构。① 根据合作制建立的组织是一种利用合作行为来达到特定目的的群众经济组织，是人类社会发展到商品经济时代的产物。合作制是一种适应现代经济发展的经营制度，它的原则就是它区别于别的企业制度的质的规定性。合作制和股份制、股份合作制、合伙制等属是一个层次的概念。② 但合作制是一种独立的经营制度，它和股份制、股份合作制、合伙制都有所不同。合作制和股份制有以下几点不同，合作制实行的是成员权利，财产权利处于从属地位，股份制实行的是股东权利，即财产权利；合作制的决策机制是一人一票制，股份制实行的是一股一票制；合作制成员权利是不能转让的，股份制的股东权利是可以转让的；合作制的宗旨是为社员服务，股份制的宗旨是资本增值。合作制也不同于股份合作制。二者的区别主要是在股份分红方面。合作制的分红主要是劳动、是交易额，其中的股份分红有严格的比例限制，最高也不能达到破坏合作制的原则。股份合作制股份分红没有那么严格的限制，在融资这一点上股份合作制比合作制有较大的灵活性。当股份合作制的股权结构发生变化，使股份分红成为

---

① 唐伦慧：《合作经济理论的几个问题》，《中国合作经济》，2004年12期。
② 张广智：《合作经济合作制合作经济组织》，《河南大学学报（社会科学版）》，2003年第3期。

主要形式的时候，就基本上变成了股份制。但当股份分红占的比例低的时候，应该说它实际就是一个特殊形式的合作制。合作制和合伙制的区别在于，合伙制的本质是劳动协作，仍停留在生产力的范畴，合作制反映的是人与人之间的经济关系，已是生产关系的范畴。①

（三）合作社的含义

对于合作社的含义，经济学家会从不同的关注点作出多种阐释。德国经济学家李弗曼（R. Liefmann）认为："合作是以共同经营业务的办法，并以促进或改善社员家计或生产经济为目的的经济制度。"美国合作经济学家巴克尔（J. Baker）认为："合作社是社员自有自享的团体，全体社员有平等的分配权，并以社员对合作社的利用额为依据分配其盈余，合作社是与私人企业、公司制企业不相同的一种事业。"② 国际合作社联盟为合作社给出了一个比较权威的定义："合作社是一个自治的协会。在合作社里，人们通过一个共同所有的和民主控制的企业，自愿联合来满足他们共同的经济、社会、文化需求和愿望。"

合作社建立的价值理念是自助、自立、民主、平等、公平和团结。根据合作社联盟创建者们的传统，合作社成员应该信奉诚实、正直、社会责任和帮助他人的道德理念。在国际合作社联盟

---

① 张广智：《合作经济合作制合作经济组织》，《河南大学学报（社会科学版）》，2003年第3期。
② 赵维清、姬亚岚等编：《农业经济学》，清华大学出版社，2013年版，第132页。

第31届代表大会上,合作社的7条修改后的基本原则得以确立,分别是:第一,自愿和开放的社员原则。二、社员民主管理的原则。三、社员经济参与原则。四、自治和自立的原则。五、教育、培训和信息原则。六、合作社间合作的原则。七、关心社区的原则。① 国际合作社联盟还进一步指出,合作社是一个自治组织,它应该尽可能地独立于政府和私营企业之外。合作社是"人的联合",世界上许多基层合作社只允许单个"自然人"加入,但联合社允许"法人"加入,包括公司。通常联合社的社员就是其他合作社。人的联合是"自愿的",在合作社的目标和资源内,社员有加入和退出的自由。合作社成立的目的是满足社员们"共同的经济和社会需求"。这一规定强调了合作社是由其社员组织起来的,并着眼于为社员提供服务。社员的需要是合作社存在的主要目的。合作社是一个"共同所有和民主控制的企业",合作社所有权是在民主的基础上归全体社员。②

一些国家根据本国的实际情况,结合国际合作社联盟的定义对其国内的相关合作经济组织给出了不同的解释和界定。例如美国农业部农村发展中心认为,合作社是由其服务的使用者拥有和控制的企业,其特征是"用户所有、用户控制和用户受益"。③德国《经营及经济合作社法》的定义则是"成员数量不限,以增进成员的收益和经营为目的,并通过共同的业务活动来实现这一

---

① 国际合作社联盟(ICA)网站,http://www.ica.coop
② 管爱国、刘惠译:《国际合作社联盟关于合作社定义、价值和原则的详细说明》,《中国供销合作经济》,1995年第12期。
③ 马彦丽:《论中国农民专业合作社的识别和判定》,《中国农村观察》,2013年第3期。

目的的团体"。① 中国农民专业合作社法则指出"农民专业合作社是在农村家庭承包经营基础上，同类农产品的生产经营者或者同类农业生产经营服务的提供者、利用者，自愿联合、民主管理的互助性经济组织。农民专业合作社以其成员为主要服务对象，提供农业生产资料的购买，农产品的销售、加工、运输、贮藏以及与农业生产经营有关的技术、信息等服务"。② 这些定义虽然从不同的角度对合作社进行了界定，但他们仍然符合国际合作社联盟代表大会所确立的一些基本原则。

（四）农业合作经济组织的含义

合作经济组织是根据合作制的基本原则组建的具有市场主体地位和企业属性社会团体。合作经济组织按行业可分为工业合作经济组织、农业合作经济组织等。按成员的性质、区域可分为城市合作经济组织，农村合作经济组织，社区合作经济组织等。由于农业是一个弱质产业，农民在市场竞争中的弱势地位以及农村地区的偏远和经济的薄弱，随着市场经济的发展和完善、农民、农业和农村地区经济主体的合作就显得更加必要，这对于农业的发展和农民市场地位的提高具有极其重要的意义。因此，有关"三农"的合作经济组织在所有合作经济组织中居于主体地位，占有很大比重。"三农"领域的合作经济

---

① 徐旭初、贾广东、刘继红：《德国农业合作社发展及对我国的几点启示》，《农村经营管理》，2008年5期。
② 《中华人民共和国农民专业合作社法》（2006年10月31日第十届全国人民代表大会常务委员会第二十四次会议通过）。

组织也就分别被称作农业合作经济组织、农民合作经济组织和农村合作经济组织。农业合作经济组织是指农民特别是指以家庭经营为主的农业小生产者，为了维护和改善各自的生产以及生活条件，在自愿互助和平等互利的基础上，联合从事特定经济活动所组成的的企业组织形式。[①] 农民合作经济组织指以农民为行为主体组成的经济组织，或者说以追求经济利益为目标而在农村社区组成的经济组织。[②] 农村合作经济组织是从组织所处的地理位置和服务对象来讲的，即组织处在农村并以农村的成员为服务对象。以上主要是从名称上进行解释，但从实质和现实情况来看，这三类合作经济组织是难以分开的，其原因在于农业、农民和农村本身是连在一起的。因此在一般情况下我们说农业合作经济组织，也包括农民合作经济组织和农村经济组织。[③] 而农业合作社则是一个更加具体化的概念，是农业合作经济组织的一个最主要的载体，在很多时候，农业合作社就成为了农业合作经济组织的具体名称。因此本书对印度农业合作社的研究，也是在基于这样认识的基础上，以印度农业合作社作为研究的对象。

[①] 赵维清、姬亚岚等编：《农业经济学》，清华大学出版社，2013年版，第132页。
[②] 杨娜曼：《农民合作经济组织的制度经济学研究》，经济管理出版社，2012年版，第19页。
[③] "合作社信息"，中国工合国际委员会网站，http://gungho.org.cn/cnindex.php，2004年。

第四节 研究方法和研究重点

（一）研究方法

本书力图以历史唯物主义和辩证唯物主义为指导，将理论分析与经验研究相结合，综合运用农业合作社的有关理论、组织行为理论以及新制度经济学的分析方法，在理论分析与实证调查的基础上，考察印度的农业合作经济组织及其对印度农业和农村经济的影响。

研究印度农业合作经济组织的发展涉及诸多的领域和因素，既要考虑印度的传统文化中的合作思想以及甘地和尼赫鲁等印度重要人物的合作思想，勾画出印度农业合作经济组织发展的文化背景和思想基础；更要在这样的文化背景和思想基础上探讨印度如何结合具体国情来发展自己的农业合作经济组织，做到历史分析和现实研究相结合。印度的农业合作经济组织涉及农业的很多领域，具有不同的类型，比如生产合作社、农村信贷合作社、销售合作社、加工合作社和综合合作社等等，本书既要研究这些局部的"点"的方面，分析他们的组织管理体系和运营机制，探讨他们在发展过程中所取得的成就和存在的不足以及对印度农村经济发展的作用和影响；同时也要对印度的农业合作经济组织进行全局性的"面"的研究，分析它们总体的发展状况，对印度农业发展的影响，对印度农村发展的作用与影响等。

（二）研究重点

（1）印度农业合作经济组织的发展历程及其主要特点。通过对印度农业合作经济组织产生与发展的原因和背景、类型、发展阶段、发展特点以及外部保障机制等问题进行分析和研究，探寻印度农业合作经济组织成功的外部因素。

（2）印度农业合作经济组织的内部管理体系和运营机制。通过对印度农业合作经济组织内部组织结构包括法律地位、决策管理、财务管理、收入分配和资金来源等问题进行分析和研究，探寻印度农业合作经济组织成功的内部因素。

（3）农业合作经济组织对印度农业和农村发展的关系、作用与影响。印度的农业合作经济组织在促进农业科技的推广与运用，促进农业的产业化、促进农业的可持续性发展、降低农业经营风险、促进农业稳定发展、维护农民利益、增加农民收入以及促进印度新农村建设上都发挥了重要的作用。印度农业合作经济组织在发展的过程中也有不少的经验和教训值得借鉴和总结，通过对这些问题的探讨，对于中国农业合作经济组织的发展具有重要意义。

第二章 相关的理论梳理

第一节 合作经济的思想及理论渊源

（一）合作社的起源

早在 14 世纪时，瑞士优拉地方就产生了农民联合起来的制造牛乳饼的组织，它近似于现代的乳酪合作社。1769 年，苏格兰芬维克地方一部分纺织工人组建了购买合作社，以为社员在购买纺织原料和食品供应等方面提供帮助。1795 年英格兰荷尔地方一部分贫民组织起来，共同磨面粉供应社员。① 1844 年 10 月，在欧文的学生胡瓦斯和柯柏尔协助下，世界上第一个比较规范的

---

① 俞家宝：《农村合作经济学》，北京农业大学出版社，1994 年版，第 28—29 页。

消费合作社——"罗奇代尔平等先锋社"诞生,它的诞生宣告一种制度化的经济组织——现代合作社的产生。[①] 当时正值英国工业革命时期,不少农民失去了土地到城市打工,生活十分艰难。为了应对零售商的盘剥,曼彻斯特附近的罗奇代尔镇法兰绒厂的28个工人受到欧文,特别是受威廉·金合作商店运动的启示,决定合资组织一个合作商店,借此得到价廉物美的货物。他们决定每人每星期节省两三个便士。到1844年12月积累了28镑,租赁了2间地下室为营业所,成立了"罗奇代尔平等先锋社"。合作社统一采购经营面包、乳酪、白糖、蜡烛等生活必需品,每天营业两小时,由28位发起人轮流担任售货员。因为采取集中采购,降低了成本,合作社逐渐发展壮大,到1860年,其成员已达3450人,到1870年,资金已达5500英镑,营业额达22300英镑,[②] 为改善社员生活条件发挥了重大作用。到20世纪30年代,成员发展到4万多人,有了自己的合作大厦、工厂、屠宰场及上百个分店,获得了巨大成功。罗奇代尔公平先锋社的成功,对合作社制度推广起到了重要的示范效应。到1851年,罗奇代尔式的合作社已有130个左右,社员总数据估计在1.5万人以内;到1861年,社员总数又增至4.8184万人。[③]

平等先锋社的成功得益于其营业中贯彻的原则,该社最早制定的办社原则后来被誉为"罗奇代尔原则",成为国际合作制度的经典原则,成为国际上公认的合作制原则的源头,为后来的国

---

① 李长健、冯果:《我国农民合作经济组织立法若干问题研究(上)》,《法学评论》,2005年第4期,第71页。
② 丁为民:《西方合作社的制度分析》,经济管理出版社,1998年版,第21页。
③ 克拉潘:《现代英国经济史》上卷,第731—732页,商务印书馆1974年中译本。

际合作运动奠定了坚实的基础。① 罗奇代尔公平先锋社在建设初期的办社准则其主要内容归纳如下：自愿入社，允许退社；社内一切重大事务都由社员大会讨论决定，合作社管理人员由社员大会选举产生；社员不论股份多少，每人仅有一票投票权；以社员集股的办法筹集资金，股金不参与分红，股金利息不得超过市面通行的利率；营业盈余按照社员每年预设的交易额来分配；货物按市价销售，不能和私商一样的涨价；售货保持现金交易，不赊账；货物分量要足，品质真实，摒除一切虚伪及欺诈行为。在此推动下，英国合作商店大大兴起，1851年达130个，1881年超过1000个。1863年英格兰合作商店联合在曼彻斯特成立英格兰批发合作社，1866年英格兰在格拉斯哥成立苏格兰批发合作社。② 从此，英国合作社运动蓬勃发展起来，合作社事业迈入了一个新的阶段。

在合作运动史上公平先锋社的成立具有划时代的意义，对其他国家合作社的建立和发展产生了重要和深远的影响。从此合作运动以消费合作社为主流，以罗奇代尔原则为指导，很快扩展到西欧和北美各国，走上了大力发展的轨道。后来合作运动又逐渐由城市转入农村，农民也采用罗奇代尔合作商店的运营原则，组成各种农业合作社，于是生产者的合作也日渐发展，与消费者的合作成为并列的局面。法国也是一个农业合作社有着悠久历史的国家。1848年，就有170多个农业合作社，1867年出现了全国

---

① 牛若峰、夏英：《农村合作经济发展概论》，中国农业出版社，2000年10月版，第7—8页。
② 王景新：《乡村新型合作经济组织崛起》，中国经济出版社，2005年版，第6页。

性法国农业公司，1883年在鲁布瓦成立第一个为农业服务的供销合作社，1886年创立了"农业工会中央联盟"。1862年前后德国成立了第一个信贷合作社，由农民和贫民联合组社以互助有无或共同向外贷款，这种形式几乎传遍整个德国。[①] 合作社作为民间组织，在19-20世纪之交，即速传入东欧、斯拉夫国家，往南传入意大利、西班牙等拉丁国家，19世纪90年代在美国、加拿大等国家也成立了合作社；20世纪初在印度、缅甸和日本也相继成立了信贷合作社；到20世纪30年代初，德国已建立信贷合作社两万多个，法国有0.6万个，日本有1.2万个。[②]

（二）合作社原则的发展

世界上合作社的发展已有160多年的历史，其基本原则随着社会、经济的发展在不断的调整和完善，以适应不断变化着的政治、经济环境，推动和促进合作运动的健康发展。这些合作社的原则在1895年成立的国际合作社联盟的主持下先后经历了三次变动和修改。

19世纪末，合作社组织在很多国家发展起来，合作运动的跨国发展迫切需要有国际合作社组织协调各国合作社运动，在这样的背景下，1895年8月在英国伦敦召开第一届国际合作社代表大会，国际合作社联盟正式成立。为了统一各国合作运动，国

[①] 王景新：《乡村新型合作经济组织崛起》，中国经济出版社，2005年版，第6—7页。
[②] 国外合作社发展史，http://www.2008red.com/member_pic_336/files/nmhzs/html/article_1055_1.shtml

际合作社联盟1934年大会经过广泛讨论,制订了四大纲领。1937年国际合作社联盟通过大会作出决议,将合作原则归纳而为7项,称之为"罗奇代尔原则",这7项原则分别是:1. 门户开放(入社自由);2. 民主管理(一人一票);3. 按交易额分配盈余;4. 股本利息应受限制;5. 政治和宗教中立;6. 现金交易;7. 促进社员教育。罗奇代尔体系中的另外3个特征也得到了认可,只是没有上升为原则。它们分别是:1. 只对社员交易;2. 社员入社自愿;3. 照时价或市价交易。由于国际合作社联盟成员组织在实际中的差异性,在创立不可分割的社有财产问题上出现了分歧,最终通过协商,一致认为合作社应当定期对不可分割的财产进行分配,并为不可分割的集体财产提供法定化的渠道来源。① 国际合作联盟认为一个理想的合作社,应当遵守上述的十一项原则。但是对于一般经济组织,只要遵循七项基本原则的前四项,就可以被称之为合作社。

在进入20世纪60年代后,世界经济形势和合作社都发生了很大的变化,为适应变化了的新环境,1966年国际合作社联盟在维也纳举行的第23届大会上,将原有的罗奇代尔原则修正为六项。这六项原则是:1. 入社自由。任何人只要能够利用合作社的服务,并承担社员的责任,都可以入社,不受人为的限制以及任何社会、政治、种族或宗教的歧视。2. 民主管理。合作社是民主的组织,其事务应由依社员所认同的方式选举或指定人员管理,并对社员负责。基层合作社的社员在投票及参与合作社决

---

① 国际合作社联盟(ICA)网站,http://www.ica.coop/coop/principles-revisions.html

策时享有平等的权利（一人一票）。合作社联合社应在民主的基础上以适当的方式管理。3. 资本报酬适度。股金只能分红。如果支付股金利息，其利率应严格限制，不能超过市面通行的普通利率。4. 合作社经营盈余或剩余为该社社员所有。5. 合作社教育。所有合作社都应对其社员、管理人员、职工以及一般大众进行教育，使他们理解合作社在经济、民主方面的合作原理与活动方式。6. 合作社之间的合作。为了更好地为社员及社区的利益服务，所有合作社应以各种切实可行的方式与地方性的、全国性的以及国际性的合作社加强合作。①

1995年国际合作社联盟在英国曼彻斯特举行庆祝成立100周年的31届大会上，通过了再一次修改后的合作社基本原则。这些原则是：1. 自愿和开放的社员资格。合作社是自愿的组织，开放给所有愿意承担社员责任的人使用。合作社提供的服务，无性别、社会、种族、政治或宗教歧视。2. 成员民主控制。合作社是由其社员民主控制的组织。这些社员积极参与合作社的政策制定和决策，选举产生的代表，无论男女都要对社员负责。初级合作社成员享有平等的投票权（一人一票），其他各级的合作社也以民主的方式处理事务。3. 社员的经济参与。社员公平地对合作社进行投资，并民主地管理和控制合作社资产。至少有一部分资产是作为合作社的共同财产，为了成为社员而认缴的资金通常只能得到有限的回报。4. 自治和自立。合作社是由其成员控制的具有自治和自助特点的组织。如果它们与包括政府在内的其

---

① 国际合作社联盟（ICA）网站，http://www.ica.coop/coop/principles-revisions.html

他组织鉴定协议或者从合作社以外筹集资金，社员的民主控制应该得到保障，合作社的自治仍然应该得到维持。5. 教育、培训和信息。合作社要为社员、选出的代表、经理和雇员提供必要的教育和培训，以使他们能更有效地推动合作社的发展。合作社要让公众了解合作的本质和优越性。6. 合作社之间的合作。合作社要通过地方、区域、全国和国际等各个层次的合作社之间的合作，为社员提供最有效的服务，以加强合作运动。7. 关心社区。合作社依据其社员批准通过的政策为所在的社区提供帮助，以促进社区持续性发展。[1]

进入 21 世纪以来，世界及各国的制度环境和经济水平发生了深刻的变化，合作运动的属性也逐步由社会性向经济性转变，与此相适应合作社原则也逐渐进行了一些修订与发展。比例原则和现代原则就是在此背景下产生和发展起来的。比例原则的核心是合作社的控制、所有权和剩余分配决策是建立在交易额比例之上；而现代原则的具体内容是：1. 投票权由交易社员行使；可一人一票也可按交易额比例确定。2. 交易者认购股本。3. 在成本的基础上，纯收入作为盈余金，分配给交易者。现代原则的一个突出特点是将社员、社员交易者与交易者作了区分，并规定合作社的所有权归属是交易社员。纵观合作原则的变迁和各种各样的合作原则版本，尽管它们千差万别，但是民主管理、按交易额返还盈余以及资本报酬有限仍然是合作原则的核心。[2]

---

[1] 国际合作社联盟（ICA）网站，http://www.ica.coop/coop/principles-revisions.html
[2] 苑鹏：《现代合作社理论研究发展评述》，《农村经营管理》，2005 年 4 期。

第二节 西方的合作经济思想及理论

(一) 空想社会主义的合作思想

人类的合作意识,自古以来就有。从古希腊哲学家柏拉图的"共和国",到16世纪英国托马斯·莫尔的《乌托邦》,培根的"新理想国"都闪烁着合作思想的光辉。而合作经济的思想则可以追溯到中世纪,当时农民和手工业者希望通过一种平等、互助的理想组织来改善自己的生产、生活。这种理想模式对16世纪出现的博爱主义者和启蒙运动者以重大启发,并逐渐形成自己的思想体系和价值观念,他们否认私有制,认为社会应该创造机会以保障人的平等、并为社会成员提供公平的条件,以让他们能共同劳动,共同参与物质生产和消费。

这些思想成为乌托邦社会主义的基础,并对该时期出现的乌托邦社会主义者产生了重要影响。约翰·俾勒斯就在他的著作《产业大学设立方案》一书中集中地反映出了他的合作社思想。他认为,人们有钱出钱、有力出力,通过这种互助合作的道路可以使贫困者获得工作和合理的报酬,使富有者获得合理的利润。他还用这样的方式为穷人建立了一个由300人组成的合作共产村——理想村。在理想村里,股份所有者获得利息,劳动者获得劳动报酬,生产运销由合作社统一安排,废除商品货币关系,实行按劳分配。俾勒斯的合作社思想,理想村的方案对欧文的思想影响很大。欧文就是在他的影响下形成了自己的合作思想及其和谐新村的构想。①

19世纪初,三大空想社会主义者圣西门、傅立叶和罗伯特·欧文继承空想社会主义前辈对资本主义的批判和对未来社会提出的理想,在一定程度上接受了包括法国唯物主义和黑格尔辩证法等哲学进步的成果,使空想社会主义的理论体系和内容更加完整。在空想社会主义者那里,合作社是作为资本主义企业的代替物出现的,因此,他们始终是合作社的拥护者、倡导者甚至直接实践者。其中,傅立叶最早以理论形式表述了空想社会主义的合作化思想。② 在他的著作《全世界和谐》、《论家务——农业协作社》、《经济的新世界或符合本性的协作行为》等著作中全面系统地阐述了合作经济思想。他认为人类就是为了协调与各种协作而被创造出来的生物,协作应该成为唯一的社会制度,他主张要组织新的理想的和谐社会。③ 他设想的"和谐"社会首先要建立社会成员自愿参加的协作组织,把人们组织起来,变分散的个体小规模生产为协作性的集体大规模生产,变生产和购买消费的分离为两者的统一。这个"和谐"社会的基层组织就叫"法郎吉"。④ "法郎吉"实际上就是个以农业为基本产业,实行农业生产合作,工业、农业相结合,合作消费,自给自足的一种合作经济组织。法郎吉的组织原则是自愿、协作,允许保持明晰的私有

---

① 俞家宝:《农村合作经济学》,北京农业大学出版社,1994年版,第22页。
② 丁为民:《西方合作社的制度分析》,经济管理出版社,1998年版,第40—41页。
③ 李长健、冯果:《我国农民合作经济组织立法若干问题研究(上)》,《法学评论》,2005年第4期。
④ 《傅立叶选集》第3卷,商务印书馆,1982年,第98页。

财产权利，肯定劳动和管理的各自价值，采取分工协作基础上的大规模合作生产。① 这种被傅立叶称为"法郎吉"的组织实际上就可以看作是空想社会主义合作社的雏形。

圣西门在其著作《论实业制度》中提出了以制定清楚、合理、联合的工作计划为主要任务的实业制度，并以此设计出了一种理想的社会制度。在新的社会制度下，社会组织的唯一的和固定的目的，应当是尽善尽美地运用科学、艺术和手工业所取得的知识来满足人们的需要。② 他认为这是一种平等的新社会制度。在这种制度下，人人从事劳动，没有特权，按才能评定报酬，按业务评定才能。但与此同时，他又把生产资料资本主义所有制保存了下来，这样在其理想的社会制度中，社会主义思想和非社会主义思想的成分是结合在一起的，反映出了他的空想性。

而被后人尊称为合作经济之父欧文，其合作社或合作公社的思想、理论也是在对资本主义，尤其是私有财产进行深刻批判的基础上才逐渐形成的。他指出："私有财产使人们的思想彼此疏远，成为社会经常产生仇视的原因，也是人们中间不断发生欺骗和讹诈的根源。"③ 他认为在资本主义制度中人们创造的财富被资本家剥夺，导致贫富悬殊，阶级对立，平等丧失。因此，必须消灭私有制，建立公有制，"在合理组织起来的社会里，私有财产将不复存在"，而"当纯粹个人日常用品以外的一切东西都变成公有财产，而公有财产又经常能够绰绰有余的满足一切人需要

---

① 李昱姣：《空想的逻辑——欧文、傅立叶合作思想辨析》，《社会主义研究》，2009年第3期。
② 《圣西门选集》上卷，第279页，转引自王景新：《乡村新型合作经济组织崛起》，中国经济出版社，2005年版，第2页。
③ 《欧文选集》第2卷，商务印书馆，1965年，第12页。

的时候，当财富的人为价值不再存在，而所需要的只是财富的内在价值的时候，人们自然会了解到财产公有制较之于引起灾祸的财产私有制具有无可比拟的优越性。"① 他还指出，由 500－1500 人或 300－2000 人组成的合作社（公社），是建立在生产资料公有制基础上的集体劳动的生产单位和消费单位，是理想社会的基层组织，是"全新的人类社会组织的细胞"②。在这些思想理论的指引下，欧文开始了对合作公社的实践，1824 年他筹集到 15 万美元，在美国印第安纳州购置了 3 万英亩土地，创办了一个有 1000 多人参加的共产主义公社——"新和谐公社"。欧文的试验曾引起当时欧美社会各界人士的巨大关注，影响深远。

从上面的分析可以看出，傅立叶和欧文都在对资本主义进行了严厉批判的基础上，十分注重合作社对于保障劳动者的公平、民主自治、自由劳动的重要作用。他们主张用合作社集体所有制对资本主义私有制进行改造，逐步消除资本权力，从而向理想社会过渡。但两者的合作思想毕竟还是存在着一些重要的区别。如果说傅立叶的合作思想还带有私有空想色彩（因为他不仅认为"法郎吉"要以私有产权为基础，而且幼稚地认为这些不同资源所有者可以平等相处，互助互利），那么欧文的合作思想却表现出强烈的公有空想的成分即"合作公社"是以"财产公有的原则"为基础的，这突出表现在欧文设计的"合作公社"的制度结构中。欧文的制度主张避免或克服了傅立叶的"右"的空想，但

---

① 《欧文选集》第 2 卷，商务印书馆 1981 年版，第 13 页。
② 《欧文选集》第 1 卷，商务印书馆 1981 年版，第 179 页。转引自李长健、冯果：《我国农民合作经济组织立法若干问题研究（上）》，《法学评论》，2005 年第 4 期。

他又把自己陷入"左"的空想,在资本主义的包围下,如何建立和保卫这种以公有财产为基础的合作社?他没有也不可能给出这个问题的答案,这正是欧文的改革实践不能成功的关键。[①] 尽管,欧文和傅立叶的思想及其实验终究不能改造资本主义社会而最终归于失败[②],但是,以傅立叶和欧文为代表的空想社会主义合作思想以及他们组建共产主义公社的实践都对合作运动的推广和发展作出了重要的贡献。

(二)改良主义的合作理论

在空想社会主义的基础上所形成的改良主义合作理论,它主要包括社会主义学派、国家社会主义学派和法国尼姆学派。

社会主义学派认为社会主义是合作运动的最终目标,合作是达到这一目标的手段或准备阶段。[③] 社会主义学派又包含了以法国的菲利浦·毕舍为代表的生产合作派思想,以英国的威廉·金为代表的基督教社会主义的合作思想。以毕舍为代表的生产合作派思想认为合作生活是人类的理想生活,劳动者可以通过组织生产合作社,摆脱资本家的剥削,并利用和平的方法谋求社会的改革。

以威廉·金为代表的基督教社会主义的合作思想则认为合作社是推翻资本主义的有力工具。他把劳动、资本和知识三者看作

---

① 参见丁为民:《西方合作社的制度分析》,经济管理出版社,1998年版,第41页。
② 王景新:《乡村新型合作经济组织崛起》,中国经济出版社,2005年版,第6—7页。
③ 张晓山:《西方合作运动浅析》,《农村经济与社会》,1988年第3期。

是合作社的三大要素，主张把劳动者组织起来成立自己的合作社。他主张先建立消费合作社，把利润作为"公社基金"，再建立生产合作社，积累更多的资本，最后用于组建欧文式的公社。另外，威廉·金还主张合作运动与基督教结合，提倡合作社内人人友爱，互相帮助。①

以路易·布朗、裴迪南·拉萨尔为代表的国家社会主义合作理论，是早期合作思想中不可忽视的重要组成部分，曾在19世纪西欧工人运动中产生过广泛的影响。国家社会主义是一种试图通过利用国家政权来进行社会改革的社会改良主义思潮。路易·布朗认为"要遏制资本集中的大势，从资本家的压迫下救出劳动者，除了劳动者彼此间组织生产合作社以外，没有别的办法。但劳动者虽有组织生产合作社的能力，而没有支持生产合作社与资本家对抗的财力，所以国家不能不负起这个责任"。②他们同情在资本主义重负下的工人，希望通过组织规模的生产合作社，让资本主义剥削压榨下的工资劳动者转化为自由的合作社社员，根本上改变个人的境况。

以查理斯·季特和欧内斯特·波亚桑为代表的法国尼姆学派影响也较大，在早期合作运动中居支配地位。该学派认为将来的社会必然是"合作社共和国"，它将通过建立和发展消费合作社来实现，而不需要革命手段。他们认为"合作社共和国"将具备一切因素解决资本主义制度中所有的矛盾；确保实现阶级之间的

---

① 李昱姣：《空想的逻辑——欧文、傅立叶合作思想辨析》，《社会主义研究》，2009年第3期。

② 吴藻溪编：《近代合作思想史》，裳棣出版社1950年版，第59页。

宽容、和平、友爱。① 他们还认为资本主义的弊端不在于私有制，而在于资本主义的经营方式、资本主义的利润制度和竞争制度，把一部分本来属于消费者的价值转移到资本家手中了。因此，尼姆学派认为应该把对经济的控制权交给消费者，主张"消费者至上"，并通过组织消费合作社来消除资本主义的利润制度和竞争制度，从而解放劳动者。季特曾宣布："消费者该是一切，所以组织公社就是为了它。我们大家的目的，都是消费，我们所以生产，也是为了消费。消费是目的，一切经济的组织，目标全在消费，生产不过是个手段。在组织完善的制度里，生产应该为消费服务。"② 因此他们主张推行消费合作运动，认为合作运动将沿着商业合作、工业生产合作和农业生产合作的轨道发展。并将其分为三步：第一步组织消费合作社，维护消费者主权，把商业利润转到消费者手中；第二步组织工业合作社，根据消费者需要从事工业生产；第三步组织农业合作社，从事农业生产。这样，通过消费者的联合，逐步达到生产工具和土地集体所有，最终建立"合作共和国"。③

（三）新古典经济学的合作理论

长期以来，新古典经济学作一直否定对企业制度特别是对非资本主义性质的企业制度的研究。在新古典经济学家看来，企业

---

① 李志民、宋艳萍、刘明星：《世界合作社运动概览》，《中共山西省委党校学报》，1988年第6期。
② 吴藻溪编：《近代合作思想史》，裳棣出版社1950年版，第100页。
③ 丁为民：《西方合作社的制度分析》，经济管理出版社，1998年版，第42—43页。

只不过是在给定的制度下利用技术手段以最小成本获得最大产出的组织形式;但是,随着新科学技术革命的发展及由此造成的劳动者在生产中主体地位的加强,一些新古典经济学家如B.沃德、E.多马和J.范尼克开始逐渐把企业制度纳入自己的研究视野。合作社作为西方的一种企业制度当然也被一些新古典经济学家纳入自己的研究范围。[①]

对于农业合作社的产生,新古典经济学以均衡分析和边际分析作为研究农业合作社的主要方法,从生产成本的角度进行了分析。这种分析方法也即是在既定假设前提下,研究农业合作社的价格和产出决策对农业产业的竞争均衡造成的影响。研究的结论是农民通过合作社可以实现纵向协调,进而带来生产成本的节约和规模经济效益。农民之间的纵向协调之所以能够带来巨大收益,原因在于它有利于农民实现规模生产、获得技术、增加融资、降低风险和提高质量。[②]

而对于农业合作社的本质,在新古典经济学的一个流派看来,合作社不是一个厂商,而是独立的经济行为人的一个集合体,[③] 或者说是一个多厂纵向一体化的商行,与其他成员控制的组织的区别是,合作社具有纵向协调功能。在农场操作与加工和销售之间,合作社扮演的是一种纵向协调角色。在新古典经济学的另一个流派的文献中,合作社被普遍认为存在中心目标,但是

[①] 丁为民:《西方合作社的制度分析》,经济管理出版社,1998年版,第46—47页。

[②] 转引自刘勇:《西方农业合作社理论文献综述》,《华南农业大学学报》(社会科学版),2009年第4期。

[③] Emelianoff, I. V. *Economic theory of cooperation: Economic structure of cooperative organizations* [M]. Michigan: Edwards Brothers, Inc. 1942, reprinted by the Center for Cooperatives, University of California, 1995.

这个目标只存在于合作社层面，而在成员农场层面是不存在的。①

（四）新制度经济学的合作理论

新制度经济学是指最早由威廉姆森提出，以科斯为代表、强调交易费用和制度重要性的学术思潮。②"产权"和"交易费用"等企业制度是其研究的核心内容，合作社作为一种具有企业性质的经济组织，新制度经济学的相关理论可以很好地分析合作社内部的组织效率、激励机制、产权属性等重要问题。

1. 制度变迁理论

新制度经济学的重要代表人物诺斯指出："制度是为约束人们相互关系而建立的一些规则，通过这些规则形成人与人之间相互作用的稳定结构以此减少不确定性。"③他非常看重制度安排和制度变迁对于提高经济效率，促进一个国家经济增长和社会发展所起到的关键性作用。在1971年发表的论文《制度变迁与经济增长》中，他说"经济史学家已经集中注意力于技术变化，把它看作增长的源泉，但是，如上所述，制度安排的发展才是主要的改善生产效率和要素市场的历史原因。更为有效的经济组织的发展，其作用如同技术发展对于西方世界增长所起的作用那样同

---

① 转引自黄胜忠：《农业合作社理论研究述评》，《商业研究》，2009年第3期。
② 张卫东：《新制度经济学》，东北财经大学出版社，2010年12月版，第14页。
③ North, D. C. *Institutional change and economic history. Journal of Institutional and theoretical economics*, 1989 (145), p238—245.

等重要。"① 通过对 1600—1850 年海洋运输业生产率的研究,他甚至发现,虽然在这一时期,世界海洋运输业并没有发生重大的技术创新,但由于船运制度和市场制度的发展和完善,降低了海洋运输成本,海洋运输的生产率还是有了较大幅度的提升。因此可以说,在一定的时期内即使技术不变,通过制度创新,也能提高生产率,促进经济发展。另一方面,如果技术创新出现了,也需要通过制度创新和制度变迁而构建出一系列合理的制度把技术创新的成果保护和巩固下来,以促进人类社会长期经济增长和社会发展。

制度变迁是制度的替代、转换与交易的过程,它的实质是一种效率更高的制度对另一种制度的替代过程。② 诺斯指出,制度变迁的诱致性因素在于主体期望获得最大的潜在利润(如规模经济、风险降低和转移、外部经济内部化、交易费用的降低和转移等带来的收益)。要获得这一部分收益,就需要不断实施制度创新,达到帕累托最优的制度均衡状态。③ 林毅夫认为用最少费用提供给定量服务的制度安排,将是合乎理想的制度安排。从某种现行制度安排转变到另一种不同制度安排的过程,是一种费用昂贵的过程;除非转变到新制度安排的个人净收益超过制度变迁的费用,否则就不会发生自发的制度变迁。④ 他提出了制度变迁的两种模型,一种是诱致性制度变迁模型,由于制度不均衡产生获

---

① 诺斯:"制度变迁与经济增长",《现代制度经济学》,北京大学出版社,2003年版,第 290 页。
② 卢现祥:《新制度经济学》,武汉大学出版社,2006 年版,第 162 页。
③ 冯开文:《合作制度变迁与创新研究》,中国农业出版社,2003 年版,第 22 页。
④ 林毅夫:"诱致性制度变迁与强制性制度变迁",《现代制度经济学》(下卷),中国发展出版社,2009 年版,第 269 页。

利机会，而为了抓住获利机会，个人或者一群人所进行的自发性的变迁。如果仅仅只有诱致性制度创新，必然会导致制度供给的不足，加上"搭边车"问题的存在，所以必要的国家干预就成了弥补持续的制度供给不足的有效手段。因此，另一种强制性的制度变迁模型是由政府法令引起的变迁。但在推行一种制度安排时预计的边际收益要等于统治者预计的边际费用，政府才会采取措施。

对于农业合作经济组织来说，制度不均衡和外部利润的存在诱发了农民组织、参与农业合作经济组织的积极性。因此可以说，农业合作经济组织是由于市场经济条件下农村地区经济发展的内在需求引起的自发性制度创新，是农村诱致性制度变迁的产物。当然，纯粹只是由于诱致性的制度创新所成立的农业合作经济组织，在运作时往往容易产生过高的交易成本或市场失灵的困境，因此，政府适时、适当的调控和引导对于解决这些困境无疑具有重要的意义。

2. 交易费用理论

"交易费用"是制度经济学的核心概念。科斯在1937年的论文《企业的性质》一文中对新古典经济学零交易费用假设进行批判的基础上提出交易存在费用，并率先将交易费用引入经济分析，在该文中，他认为"利用价格机制是有成本的。通过价格机制组织生产的最明显的成本就是发现相关价格的工作。随着出卖这类信息的专门人员的出现，这种成本有可能减少，但不可能消除。市场上发生的每一笔交易的谈判和签约的费用也必须考虑在内"。① 因此,"利用价格机制的成本"也被看作是他对交易费用的解释。1960 年,科斯发表了著名的《社会成本问题》一文,将交易费用概念做了更加明确、具体的界定。他说:"为了进行市场交易,有必要发现谁希望进行交易,有必要告诉人们交易的愿望和方式,以及通过讨价还价的谈判缔结契约,督促契约条款的严格履行,等等。这些工作常常是花费成本的,而任何一定比率的成本都足以使许多无需成本的定价制度中可以进行的交易化为泡影。"②

在科斯之后,威廉姆森等许多经济学家又进一步对交易费用理论进行了发展和完善。威廉姆森分别于 1975 年、1985 年和 1996 年出版了《市场与科层》、《资本主义经济制度》和《治理机制》等著作,对交易费用分析方法进行了重新界定,他认为交易费用是"经济系统运转所要付出的代价或费用",③ 还将交易费用分为事前的交易费用和事后的交易费用。所谓事前的交易费用是指由于将来的情况不确定,需要事先规定交易各方的权利、责任和义务,在明确这些权利、责任和义务的过程中就要花费成本和代价,而这种成本和代价与交易各方的产权结构的明晰度有关。④ 事后的交易费用是指交易发生以后的成本。事后的交易费用包括四种形式:一是当交易偏离了与"契约转换曲线"相关联

---

① 科斯:"企业的性质",《现在制度经济学》(上卷),北京大学出版社,2003 年版,第 106 页。
② 科斯:"社会成本问题",《财产权利与制度变迁》,上海三联书店,1994 年版,第 20 页。
③ 威廉姆森:《资本主义经济制度》,商务印书馆,2002 年版,第 32 页。
④ 黄家明,方卫东:《交易费用理论:从科斯到威廉姆森》,《合肥工业大学学报(社会科学版)》,2000 年第 1 期。

的序列时所引起的错误应变费用;二是当交易双方都做出努力来校正事后的错误序列时所引起的争吵费用;三是纠正发生需要诉诸某种规制结构时,这种规制结构的建立和运转的费用;四是为了使承诺完全兑现而引起的约束费用。至此,交易费用概念真正成为经济组织分析的一个重要工具。①

对于交易成本,诺斯认为"交易成本是规定和实施构成交易基础的契约的成本,因而包含了那些经济从贸易中获取的政治和经济组织的所有成本。"②张五常对此定义为"一系列制度成本,其中包括信息成本、谈判成本、起草和实施的成本、界定和实施产权的成本,监督管理的成本及改变制度安排的成本"。③

3. 产权理论

产权制度是诸多制度集合中最基本也是最核心的制度。作为产权理论的奠基者和主要代表,科斯的突出贡献是论证了产权界定对市场交易和资源配置的重要性。他在1959年的《联邦通信委员会》中强调了产权清晰界定的作用,指出"权利的界定是市场交易的本质前提"。④ 1960年的《社会成本问题》一文进一步发展了这一思想,并形成了著名的科斯定理,"没有权利的初始界定,就不存在权利转让和重新组合的市场交易。但是,如果定价机制的运行毫无成本,最终的结果(指产值最大化)是不受法律状况影响的。""一旦考虑到进行市场交易的成本……合法权利

---

① 王洪涛:《威廉姆森交易费用理论述评》,《经济经纬》,2004年第4期。
② 诺思:《交易成本、制度和经济史》,《经济译文》,1994年第2期。
③ 张五常:《经济组织与交易成本》,《经济解释》,商务印书馆,2000年版,第407页。
④ 转引自张卫东:《新制度经济学》,东北财经大学出版社,2010年版,第77页。

的初始界定会对经济制度运行的效率产生影响。"[1] 也就是说,只要产权是明确界定的,如果交易成本为零或者很小,那么不管产权的初始配置如何,资源配置都会达到最优的利用状态。但是,如果在交易成本不为零的情况下,不同的产权初始配置会就会影响资源配置效率。在交易费用大于零时,制度安排除了对分配产生影响以外,还对资源配置和产出构成影响。比如好的制度安排会降低交易费用,资源得到有效配置,产出实现最大化,充分发挥制度的效率作用。而不好的制度安排,则会产生相反的作用和影响。

科斯主要揭示了产权界定的重要意义,在此基础上,巴泽尔则侧重于分析产权界定的现实成本。他认为在现实世界中,由于存在交易成本,这会导致产权不能被完全界定。这也说明产权的界定是相对的,未被充分界定的产权就会形成"公共领域"。正如巴泽尔所言:"除非产权得到完全界定——在交易成本为正的情况下,这是永远做不到的——部分有价值的产权将总是处在公共领域中。"[2] 阿尔钦对产权给出了另外一种定义,"一个社会所强制实施的选择一种经济品的使用的权利"。他还指出了私有产权的有效性,"除私有产权以外的其他产权都降低了资源的使用与市场所反映的价值的一致性。"[3]

德姆塞茨对产权及其作用进行了分析。他在 1967 年发表的《关于产权的理论》一文中指出:"产权是一种社会契约,它的意

---

[1] 科斯:"社会成本问题",《财产权利与制度变迁》,上海三联书店,1994年版,第 11—20 页。
[2] 巴泽尔:《产权的经济分析》,上海三联书店,1997 年版,第 17 页。
[3] 阿尔钦:"产权:一个经典的注释",载于《财产权利与制度变迁》,上海三联书店,1994 年版,第 166—174 页。

义产生于这样的事实,即它有助于形成一个人在同他人的交易中能理性地把握的那些预期。这些预期在法律、习俗和社会惯例中得到实现。产权所有者可以得到同伴的认可并能以特定的方式行事。它还可以期望社会阻止其他人干涉他的行为,只有在他的权利的具体规定中这些行为不被禁止。"[1] 他还认为:"当内在化的收益大于成本时,产权就会产生,将外部性内在化。内在化的动力主要源于经济价值的变化、技术革新、新市场的开辟和对旧的不协调产权的调整。"[2] 从德姆塞茨的分析可以看出,产权可以帮助交易双方形成一个稳定合理的预期,而合理的预期可以激励产权所有者对其产权进行积极维护,以此为其带来稳定的收益。德姆塞茨还利用该理论解释了魁北克地区印第安部落土地私有产权的形成。

第三节 马克思列宁主义的合作经济思想及理论

(一) 马克思、恩格斯的合作经济思想及理论

马克思、恩格斯的合作经济思想和理论是在批判和继承空想社会主义关于合作社是改造资本主义制度的社会工具的思想,从

---

[1] 哈罗德·德姆塞兹:《关于产权的理论》,《现代制度经济学》(上卷),中国发展出版社,2009年版,第87页。
[2] R.科斯等著:《财产权利与制度变迁——产权学派与新制度学派译文集》,上海三联书店,1991年版,第100页。

欧洲合作运动实践中吸取了合理的成分，并且在与形形色色的合作社改良主义的斗争中发展起来的。马克思首先分析并高度评价了在资本主义制度下由工人自己组织的合作工厂，认为它是对财产私有权的"积极扬弃"，是"由资本主义生产方式转化为联合的生产方式的过渡形式"，① 是资本主义向社会主义和共产主义过渡的中间环节。他说，"工人自己的合作工厂，是在旧形式内对旧形式打开的第一个缺口"，② "合作运动是改造以阶级对抗为基础的现代社会的各种力量之一，这个运动的重大功绩在于，它用事实证明了那种专制的、产生赤贫现象的、供劳动附属于资本的现代制度将被共和的、带来繁荣的、自由平等的生产者联合的制度所代替的可能性"。③ 恩格斯也指出："关于向完全的共产主义经济过度时，我们必须大规模地采用合作生产中间环节，这一点马克思和我从来没有怀疑过。"④

马克思尤为重视生产合作，主张走生产合作化道路。"我们建议工人们与其从事合作贸易，不如从事合作生产。前者只能触及现代经济制度的表面，而后者却动摇它的基础，建议一切合作社把自己总收入的一部分作为行动和言论两方面来宣传自己的原则和基金，也就是说，除了传播自己的学说，还要促使建立新的生产合作社。"⑤ "工人们不是在口头上，而是在用事实证明：大规模的生产，并且是按照现代科学要求进行的生产，在没有利用

---

① 《马克思恩格斯全集》第 25 卷，第 498 页。转引自米鸿才等编著：《合作社发展简史》，中共中央党校出版社，1988 年版，第 29 页。
② 《资本论》第 3 卷，人民出版社，1975 年版，第 497 页。
③ 《马克思恩格斯全集》第 16 卷，人民出版社，1964 年版，第 219 页。
④ 《马克思恩格斯全集》第 36 卷，人民出版社，1964 年版，第 416 页。
⑤ 《马克思恩格斯全集》第 16 卷，人民出版社，1964 年版，第 218 页。

雇佣工人阶级劳动的雇主阶级参加的条件下是能够进行的……雇佣劳动也像奴隶劳动和农奴劳动一样,只是一种暂时的和低级的形式,它注定要让位于带着愉快心情自愿进行的联合劳动。"①

在组织合作社的一些原则问题上,马克思和恩格斯都坚持自愿、平等互利的原则。马克思指出,在组织合作社时,应当尊重农民或者工人的意愿,在平等互利的基础上,给予鼓励、教育和示范,让他们自愿参与,而不能采用掠夺等强迫方式。在《法德农民问题》一书中,恩格斯明确地表达了这样的思想:"我们对于小农的任务,首先是把他们的私人生产和私人占有变为合作社的生产和占有,但不是采用暴力,而是通过示范和为此提供社会帮助。"② 恩格斯强调,我们绝不能用暴力去剥夺小农,不论是有偿还是无偿,决不用违反小农的意志,强力干预他们的财产关系,要充分尊重他们的财产所有权。坚持参加合作社的自愿原则。"如果他们下决心的话,就使他们易于过渡到合作社,如果他们还不能下决心,那就甚至给他们一些时间,让他们在自己的小块土地上考虑考虑这个问题。"③

在合作经济的土地所有制问题上,恩格斯表示:"在无产阶级夺取政权之前,应当迫使资本主义国家把大片整块国有土地租给农业工人合作社共同耕种。在夺取政权之后,则应将国有土地在社会监督下交给由农业工人组成的合作社使用。"④ 这表明在马克思主义创始人看来,合作社的建立并不必然以土地国有化为

---

① 《马克思恩格斯选集》第2卷,人民出版社,1972年版,第133页。
② 《马克思恩格斯选集》第4卷,人民出版社,1972年版,第310页。
③ 《马克思恩格斯选集》第4卷,人民出版社,1972年版,第311页。
④ 《马克思恩格斯全集》第36卷,人民出版社,1974年版,第415—416页。

前提。这同时也说明在无产阶级夺取政权以后的一段时间内，国有经济与合作经济不仅可以共存，而且可以融合。①

但是，马克思也明确指出，在资本主义制度下，合作生产作为一种生产组织方式，不可能实现对资本主义社会的改造，不可能从根本上实现无产阶级的解放。同时，他还指出，在资本主义制度下，合作社虽然具有一定的进步性，但是，不可能摆脱资本主义生产方式的影响。"合作社即小农协作社，虽能起非常进步的资产阶级的作用，但只能削弱这个趋势，而不能消灭这个趋势；同时，不应当忘记，这种合作社对富裕农民的好处很多，对贫苦群众的好处则很少，几乎没有，而且协作社本身也会成为雇佣劳动的剥削者。"②

（二）列宁的合作经济思想及理论

列宁的合作经济思想在马列主义合作经济理论的发展中占据重要的地位。《论合作制》全面系统地论述了列宁关于合作经济的观点。和马克思有所不同，他非常重视流通领域的合作社，认为流通领域的合作社是引导农民向新制度过渡的"简便易行和容易接受"的组织形式。③ 列宁指出，流通合作社使我们"找到了私人利益、私人买卖的利益与国家对这种利益的检查监督相结合的尺度，找到了使私人利益服从公共利益的尺度，而这是过去许

---

① 冯开文：《合作制度变迁与创新研究》，中国农业出版社，2003年版，第32页。
② 《马克思恩格斯全集》第25卷，人民出版社，1964年版，第910页。
③ 米鸿才等编著：《合作社发展简史》，中共中央党校出版社，1988年版，第57页。

许多多社会主义者解决不了的难题。"①

发展合作制,列宁强调自愿原则,认为完全的合作化需要一定的物质和文化条件,尤其是农民的文化水平需要达到一定的程度。"我们的第二个任务就是在农民中进行文化工作。这种在农民中进行的文化工作,其经济目的就是合作化。有了完全合作化的条件,我们也就在社会主义基地上站稳了。但完全合作化这一条件本身就包含有农民的文化水平的问题,就是说,没有整个的文化革命,要完全合作化是不可能的。"② 在工人阶级已掌握国家政权和全部生产资料的条件下,农民文化水平达到一定程度后的文明的合作制度就可以逐渐发展成为社会主义制度。

《论合作制》另一个重要的观点是,文明的合作社制度就是社会主义制度。他认为合作制是通向社会主义社会的桥梁,在生产资料公有制的条件下,"单是合作社的发展就等于……社会主义的发展"。"文明的合作社工作者的制度就是社会主义制度"。③ 列宁在《论合作制》中论述的合作社思想,极大丰富和发展了马克思主义的合作制理论。然而,列宁去世后,斯大林开始了集体农庄运动,以集体所有制取代合作制,以生产合作社(集体农庄)取代流通合作社,在这种"左"倾的思想的指导下,斯大林的合作思想已经变成全盘集体化,逐渐背离了列宁的合作制原则。

---

① 《列宁选集》第4卷,人民出版社,1972年版,第682页。
② 《列宁选集》第4卷,人民出版社,1972年版,第684页。
③ 《列宁选集》第4卷,人民出版社,1972年版,第687、684页。

第三章　印度农业合作经济组织的历史发展

本章把印度农业合作经济组织的历史发展分为两个大的阶段，即独立前的产生与发展和独立后的发展。目的是介绍印度农业合作经济组织产生发展的制度环境、历史背景和整个历史过程。内容包括独立前印度农业合作经济组织产生与发展的原因、背景及过程，甘地和尼赫鲁的农业合作思想以及独立后迅速发展的原因等。

第一节　独立前印度农业合作经济组织的产生与发展

（一）印度农业合作经济组织的产生与发展

在印度，合作的历史和农村公社的历史一样悠久，合作已经成为印度社会和农业生活的一个重要的组织特征。一直以来,印度家庭就强调相互依赖和合作:一同进餐,一起祷告,一起生活。早在孔雀王朝的初期,考提利亚就在他的《政事论》一书中这样论述:"任何没有合作想法的人都将会费力不讨好,劳而无获";《吠陀经》和《摩奴法典》也曾提及印度生活的一大特点,即手工业行会和银行。[①] 自古以来村社就是一种合作实体。在封建社会时期,虽然村社实际受控于封建地主,但在自我管理上,他们却相互合作,共同负责公共安全,处理关乎国计民生的大事——虽然这样做主要是为了地主的利益。比如,村庄周围的未经开垦的土地和未经采伐的森林属于整个村庄所有,并由全体村民共同利用;而一些特殊场合(婚礼、葬礼等)的必要准备活动和修房、造路的事情也在所有村民的合作下进行。

在古代的印度农村,虽然已存在着某种形式的经济合作,但作为合作社这种现代的组织形式,比较大量的出现,并形成一种运动,则始于19世纪末、20世纪初。印度的合作运动是从信贷领域开始兴起的。当时的印度深受殖民者和封建地主的迫害和掠夺,农民极其贫困,生活困苦不堪。由于农业生产的特殊性以及其他社会生活的需要,一定的农业和非农贷款仍然是必要的。但由于印度殖民政府没有设立以农村普通农民为服务对象的金融机构,农民被迫向地主、商人和其他高利贷者借钱。英印借贷法律也允许放债人者有权收借款的复利,他们通过控制的金融和信贷系统借给放债人资金,放债人又把钱借给农民。高利贷资本猖獗

---

① P. C. Bansil: Economic Problems of Indian Agriculture Oxford & Ibh Publishing Co. New Delhi, P, 61.

地掠夺农民，农民的总债务带到了空前的水平。① 由于利息高，再加上借款的复利，农民深陷债务危机，无力偿还，很多农民只能出卖自己的土地，无地农民的比例大幅增加。在1882年，人口普查估计，农业中的无地农民有750万。1921年的人口普查记载，总数是2780万，即占农业雇佣劳动者的四分之一。而1931年的人口普查报告，总数达到了3350万，即从事农业的劳动者的三分之一。②

无地佃农的迅速增加和大量存在以及地主的残酷剥削使印度的农民变得更加贫困，农村资金持续短缺，高利贷者肆无忌惮地向普通农民高息借贷，农民债务累累，饥荒大量蔓延和持续，农业生产濒临崩溃，农村地区多次发生骚乱，大量农民卷入了反政府的行列之中。在这样的背景下，为了缓解社会矛盾，解决农村资金短缺，促进农业发展，挽救濒临崩溃的经济，1892年3月，被誉为印度信贷合作社之父的弗雷德理克·尼克森受到马德拉斯政府的委托就该地区成立土地和农业银行的可行性进行调研。在对印度农村地区做了历时5年的研究之后，弗雷德理克·尼克森提供了一份《关于建立马得拉斯土地和农业银行的可行性报告》，报告中广泛研究了印度农村的贫困和金融问题，并建议在雷弗逊模式基础上，建立印度的农村信贷合作社。③ 而雷弗逊模式就是组织以村庄为单位的信贷合作社。信贷合作社由守信用的村民组成，资金来源是吸收存款和信贷合作社成员的股本，资金运用方

---

① 〔印〕R. P. 萨拉夫：《印度社会》，商务印书馆，1977年版，第253页。
② 〔印〕R. P. 萨拉夫：《印度社会》，商务印书馆，1977年版，第253页。
③ 陈玉宇：《印度农村信用合作社的盛衰——金融扶贫中的商业原则和政策干预》，《改革》，1996年第4期。

面实行有偿贷款，贷款契约由成员商定。贷款成员负有无限清偿责任，即成员必须以自己的资产偿还信贷合作社的借款。[①]

这种雷弗逊式的合作理念得到 1901 年饥荒救济委员会和以爱德华·劳爵士为首的委员会的支持，饥荒救济委员会强烈建议引入信贷合作社。一场由少数几位官员发起的合作运动就此拉开了序幕，最初只是旁遮普邦和孟加拉邦的部分地区成立了一些信贷合作社。当时的英印殖民政府也为了解决农民严重的饥荒问题、恢复农业生产，更好地推动合作运动的发展，便于 1904 年通过了《信贷合作社法》。合作社法的颁布，最终使这场运动得到了政府的认可。该法案规定城乡可以建立各种信贷合作社，承认信贷合作社的法律地位，允许信贷合作社以法人资格筹集资金并经营业务，同时还规定了国家对信贷合作社在成立时提供包括税收等方面在内的支持和优惠政策。该法案还规定贷款通常只能以不动产或动产为担保贷给社员，但这种动产不能是装饰性的动产。虽然这些装饰性动产常常是许多农民省吃俭用后得来的，法律上也可作为担保。该法案认为，在相对落后的人群中，生产和分配上存在的困难可能会对社会的进步产生阻碍作用，而组织简单，管理容易的信贷合作社可以为学习、施行合作原则提供了用武之地，因此合作运动的精力应该放在组建信贷合作社上，而且发展的重点在农村而不在城市，因为农村比城市更重要，更急需建立合作社。

《信贷合作社法》的颁布标志着印度合作运动的兴起，在以

[①] 陈玉宇：《印度农村信用合作社的盛衰——金融扶贫中的商业原则和政策干预》，《改革》，1996 年第 4 期。

后几年中，合作运动在各地迅速发展起来。信贷合作社的建立和推广，其目的在于以合作、自助的形式为农村地区创造一种金融机构，为贫穷的农民融通资金，使他们逐步摆脱高利贷商人的残酷剥削，缓解社会矛盾，尤为重要的是让农民通过信贷合作社的生产性资金支持，实现农业技术的改进，促进农业发展，使农民逐步摆脱贫困。在合作运动的最初时期，合作社迅速发展。1906—1907年度，印度合作社仅有843个，社员9万多人。到1911—1912年度，合作社数目和社员人数分别增加到8177个和40多万人。同时，周转资金也从237万卢比增加到3357万多卢比。①

第一部法律颁布之后，印度合作社迅速建立起来，但该时期合作社仅限于信贷领域，信贷领域合作运动的成功激励一些人去组建其他类型的合作社，以缓解技术工人、编织工人和消费者在经济上的困境，这些行业、部门合作社的建立，要求打破法律的限制，1912年，印度颁布了修订后的新的《合作社法》，规定除了信贷合作社之外，城乡还可以建立生产、销售、消费、住宅等各种类型的合作社，合作运动以法律的形式被推广到了其他经济领域。自此以后，各种类型的农业合作经济组织，如农产品销售合作社、牲畜保险合作社、牛奶供应合作社和农机具零售等合作社都开始涌现。与此同时，殖民政府还认识到一个合作社的联邦组织有助于通过资源的合理分配，巩固和加强合作化运动。因此，殖民地政府随后就成立了合作社的中央机构，即联邦合作社

---

① 孙士海：《印度农业合作社的发展、作用与问题》，《南亚研究》，1988年第1期。

总社。1912年《合作社法》的颁布，确立了各种合作社的法律地位，并成为英联邦和许多其他国家合作法案的模本。

1914年，由于银行危机和第一次世界大战的爆发，这对印度合作社的发展产生了较大的影响。尽管合作社员的存款大幅增加，但出口下降、农产品价格的变化导致了农业合作初级社到期贷款的增加。殖民地政府在该年10月指派麦克莱根组织了一个专门委员会，研究合作社的现实状况和未来发展。该委员会建议，每个邦的信贷合作社建立三级管理体系。在基层建立初级合作社，再上一级则建立中心合作银行，而邦级合作银行则位于信贷合作体系的最顶端。主要提供短期和中期的金融支持。①

根据该专门委员会的建议，政府还规定，非官方人士和机构也可以参与合作经济组织的发展事宜；1919年，印度又制定新的法令，将合作社的检查和规划等事宜下放给各邦政府办理。因此，孟买、马德拉斯、阿萨姆、孟加拉和比哈尔等地都成立独立信用机构，这也成为印度信贷合作社多样性的开端。20世纪20年代，印度政府通过多部的法令，为合作社的建立、发展提供了法律依据。许多邦也都有自己的《合作社法》，比如孟买在1925年就制定了孟买合作社法；马德拉斯在1932年也制定了自己的合作社法。法律支撑体系的初步建立推动了农业合作社的迅速发展，尤其是信贷合作社得到了长足的发展，农村信用系统逐步形成，并成为印度首要的农业信贷机构。信贷合作社的数量由1906年的2000个增加到1930年的10万个；信贷合作社已经在许多发展计划中充当重要角色。人们试图通过它来抵制农村中非

---

① Co-operatives history, NCUI 网站，http://www.ncui.coop

正规的金融机构（如高利贷等个体贷款者），并且增加储蓄和对小农提供贷款。

1929—1933年的世界经济危机，对印度合作经济组织的发展产生重大影响。受到席卷全球的经济危机冲击，农产品价格和土地价格大幅下跌，农民欠债因此也大量增加，合作社社员违约事件也不断上升，再加上中心合作银行也产生资金问题，资金链的断裂，导致中心合作银行停止向村级信贷合作社贷款，村级信贷合作社一方面面临的违约增加，到期归还资金减少；另一方面中心合作银行对其贷款的停止导致村级信贷合作社资金的缺乏，也停止向农民贷款。造成这样的局面，一是由于"一战"后，为了支持中心合作银行，印度允许地方政府机构在信贷合作社投资，其资金比例也逐渐增加，1929年地区政府机构的资金占到了合作社营业资金的12%。① 二是信贷合作社再贷款时没有严格执行财政纪律，对贷款人进行审查和限制、贷款后也没有对其进行生产和财务指导，只是注重了贷款数量，没有更多的考虑贷款质量，最终导致违约欠款大量存在。比如马德拉斯地区违约拖欠贷款数量从1910年的9%上升到1931年的63%，这使合作社无以为继。② 由于不能按时归还政府机构的贷款，很多合作社停止了活动甚至倒闭。

随着第二次世界大战的到来，印度合作运动的低迷状态得以迅速改变。战争期间，物资紧缺，农产品的需求急剧上升，这导致了农产品价格也大幅提高，农民收入也逐渐增加，从而使印度

---

① 陈玉宇：《印度农村信用合作社的盛衰——金融扶贫中的商业原则和政策干预》，《改革》1996年第4期。
② 同上。

的农业合作社能够归还政府贷款，重新恢复运转，并不断得到发展，尤其是消费和流通领域的合作社获得了长足的发展。如此快速的发展，也得益于政府的一些有益的引导，1942年，印度政府通过了跨邦合作社法，用以规范、促进拥有多个邦社员的合作社的发展。1945年，合作社计划委员会的成立对合作社的恢复和较快发展提供了很大的帮助。

在多个因素的作用下，从1938-1939年度到1945-1946年度，印度农业合作经济组织数目、社员人数和周转资金分别增加了41%、70%和54%。到独立前夕，全国共有各种类型的农业合作经济组织172万个，社员人数916万，周转资金16.4亿卢比。[①]

（二）印度农业合作经济组织产生和发展的原因

1. 印度农村地区存在农业合作经济组织产生的客观条件和需要

在印度农村，农民的很多活动都需要资金，但是他们没有储蓄，所以必须借贷。资金的需求包括几个方面，一是生产性借贷，这主要指在农业生产中由于季风失调或者因为洪水、干旱等自然灾害而使农作物受损，农民就需要对土地进行改良如修造、建筑水井，修建其他农业基础设施等，而且印度农民有一种惊人

---

① 孙士海：《印度农业合作社的发展、作用与问题》，《南亚研究》1988年第1期。

的渴望进行土地改良。① 二是非生产性借贷,主要是由于印度农民遵守的社会习俗很多,因此家庭费用在这方面的支出也是不菲的。比如小孩出生、举行婚礼葬礼、举行各种宗教仪式等等。再有,印度农民极喜欢诉讼,在印度这需要很高的花费。所有这些都属于非生产性的支出,农民为了这些目的也经常去借贷。三是在印度债务也是必须继承的,一个人在继承其上一辈财产的同时也会继承上一辈留下的债务,所以印度农村债务劳动者是比较常见的。这些方面的资金需求除了亲戚、地主和高利贷者等非组织来源以外,信贷合作社就成为了满足农民资金需求的一种制度性的保障。而且在印度农村内部,相互提供贷款的农民,感情比较好,相互信任,这也是组织信贷合作社的客观基础。相对于私人之间提供信贷来说,信贷合作社提供了一个刺激农民储蓄的工具,有利于"培养国民节俭互助精神和深谋远虑的能力",并将资金及时提供给为改进生产而需求资金的农民。

2. 印度的农业合作经济组织是高利贷盛行背景之下的产物

相比现在而言,20世纪前后的印度农村更加的落后,农民更加的贫穷,但为了生活,他们仍然需要大量的资金用于生产和日常生活。生产性开支包括土地改良、必要基础设施的建设等,日常性消费包括红白喜事和其他社会宗教活动,诉讼也是另一种非生产性资金需求。然而,占印度农民绝大多数的小农和佃农几乎是没有任何储蓄的,这些资金的需求只能依赖于借贷,而在当时农民要从国家获得贷款几乎是不可能的,因为他们没有适当的

---

① 〔印〕鲁达尔·达特,K. P. M. 桑达拉姆:《印度经济》,四川大学出版社,1994年12月版,第141页。

抵押品作为贷款保障，也没有充分的偿还能力，再说印度现代商业银行建立较晚，直到19世纪末，印度商业银行建立的进展都十分缓慢。至1899年，印度总共只有9家合股银行的资本和储备金越过50万卢比，总缴付资本和储备金为1250万卢比，总存款为8000万卢比。因此他们只有以自己贫瘠的土地或者以自身的劳动作为抵押向高利贷者获取贷款。乡村高利贷者经常以欺骗手段从债务人手中获得债券和期票，并扣除很高的佣金，他们收取的利息率也非常之高——经常是24％甚至以上。为了逼迫借贷者放弃他们的土地，他们总是怂恿农民向他们借钱。农民用他们的土地作为抵押向高利贷借钱时，就必须要支付很高的利率，经过一段时间以后，农民的债务就会积累到相当的程度，他们就会剥夺借贷者的土地。农民一旦被高利贷者猎获，极少可能摆脱它的魔掌。贷款是高利贷者作为刽子手中的绳索，是让他们去吊死。[①]

在印度还有一些商人和代理商为了生产目的，大多是在农作物成熟之前对农民供应资金，他们强迫农民按低价出售农产品，并收取很重的佣金。印度土钱庄是农民获取贷款的另外又一重要来源，其贷款利率仍然很高。土钱庄尽管有高利率、不正规的缺陷。但他曾一度满足农民资金需求的90％和相当数量的工商业资金需求。由于他们对农民的借贷都具有剥削的性质，并且有其他一些不良影响，因此这些商人、代理商甚至土钱庄仍然可以和高利贷者归为一类。由于农民经常向这些以获利为目的，剥削性

[①] 〔印〕鲁达尔·达特，K.P.M.桑达拉姆：《印度经济》，四川大学出版社，1994年12月版，第142页。

很强的高利贷者进行借贷，借贷的结果往往是大量的农民不能按时归还所欠的这些钱物，由此印度农村的债务和债务劳动便大量出现，农村债务和债务劳动大量出现很明显是印度农村信贷设施严重缺乏的直接结果。所以，成立更多的信贷合作社，为农民创建一个正常、合理地资金来源渠道就成为了一个必然的趋势。

3. 合作社法的颁布和修订使农业合作经济组织的发展得到认可与保障

印度的信贷合作社之所以能在20世纪初建立起来，并在随后得到迅速的发展，一个最重要的原因是由于《合作社法》的颁布和修订使印度的合作运动得到官方的认可，并获得了法律上的保障。这些法律在联邦政府层面包括1904年和1912年两部合作社法、1919一部相关法律以及1942年跨邦合作社法的制定；除此之外很多邦都还根据自己的实际情况进行了相关的合作立法。这些法律都在不同程度上规定政府应该给予合作社必要的引导和扶持。

为了抵制农村中众多的非正规金融机构，摆脱高利贷商人的残酷剥削，增加储蓄和对小农提供贷款，并且促进农民以合作、自助的形式提供生产资金，缓解紧张局势和资金短缺，1904年英印政府通过了《信贷合作社法》。合作社法的颁布，保证了国家对信贷合作社在税收、资金等方面的支持和帮助。这一法案对信贷合作社成立的条件、程序等作出了明确规定，允许信贷合作社以法人资格从农村、社会甚至政府筹措资金并经营包括借贷在内的多种业务。1912年，印度又颁布了修订后的《合作社法》，该法案的出台减少了行业限制，合作社建立的行业领域扩展到信贷以外的生产、消费、销售、保险和住宅建设等多个部门，合作运动的广度和深度得到进一步的扩展,自助、互惠的合作模式惠及更多的人群。1919年,印度又制定新的法令,将合作经济组织的发展等事宜移交给各邦政府办理。1942年,印度还通过了跨邦合作社法。通过政府的大力扶持、鼓励和引导,尤其是不断发展中的法律、法规的保障,以信贷合作社为主的各类合作经济组织得到了长足的发展。

第二节 独立后印度农业合作经济组织的发展

(一) 甘地和尼赫鲁的农业合作思想

1. 甘地的农业合作思想

甘地是印度民族主义运动的伟大领袖,被尊称为圣雄甘地。他的"非暴力"的哲学思想,影响了全世界的民族主义者。他的经济思想尤其是农业合作的思想对印度合作运动的发展产生了重要的影响。

19世纪末到20世纪初,外国资本和工业品大量涌入英国殖民统治下的印度。印度传统而又古老的农业与手工业为基础的社会结构已被彻底破坏。外部环境的变化导致印度经历了一个由于外来压力而形成的社会结构、经济结构等方面的巨大变动。在这个过程中,农村的社会变革并没有直接转入以雇佣劳动为基础的资本主义经营方式的大农业,而出现了类似"农舍经济"的小农家庭化的趋势。① 甘地所处的这样一个时代,正是英国殖民者用现代工业社会的文明猛烈冲击着印度农业社会的文明,并且不断向这种古老的文明提出了空前严峻挑战的时代。而同时,这也是资本主义制度腐朽面全面暴露的时代,资本主义的物质文明和精神文明的危机越来越严重。甘地亲眼看到了工人失业、贫困和欧美各国精神堕落的现实,正是在这种复杂的社会环境和时代背景下,在批判西方文明的过程中,甘地的经济思想逐渐形成了。②

在甘地的经济思想中,农村经济的思想具有非常重要的地位。甘地农村经济的思想是基于对西方物质文明进行批判的前提下,表现在它的农村经济模式上。他强调以小农家庭村社为最基本生产单位,寓农业与手工业于一体的生产结构;保持农村经济与城市大工业的平衡,维护道德精神与物质生活的和谐。③ 甘地崇尚印度古老文明,他认为这种文明包括三个要素:农民耕地的犁、手工业者纺织的手纺车和印度教哲学。甘地主张恢复封建宗法制的农业组合,复兴古老的已经失去了的自给自足的农村经济。他认为印度社会的真正基础在农村,农村建设是印度的根本建设,应大力恢复和发展手工纺织及其他农村工业与农业相结合的自然经济作为未来社会的基础,这样才能在非暴力基础上实现印度自给自足的村社自治,以回归自然,重建以精神为基础的社会。因此,甘地倡导以封建性的自给自足的方式开展农业生产经

---

① 彭树智:《甘地的农村经济思想及其道德观》,《南亚研究》,1989年第2期。
② 胡波:《浅谈甘地的农村经济思想》,《中共长春市委党校学报》,2006年6月第3期。
③ 彭树智:《甘地的农村经济思想及其道德观》,《南亚研究》,1989年第2期。

营,与封建性的非工业化的工业生产方式相配合,复兴印度农村经济。①

对于农业合作经济组织,甘地是一个坚定的支持者,"我也坚信,在我们从事合作农业以前我们不能充分获得农业的利益,不是显而易见吗?因为一个村的每一个家庭集体去耕种他们的土地然后分那部分收入比把土地随便分成一百份更优越。"② 对于合作运动的发展以及成功的评判标准,他强调对个人精神上的福利要超过对物质的关心,认为不能仅用建立了多少个农业合作社来衡量合作运动的成功与否,而应当看到组织成员的道德特征。他还认为,为了使全国的粮食能够自给自足,这不仅要依靠更多更好的投入,而且要通过以改革租佃制度,废除土地所有权,合并占有的土地、建立农业合作社等改革才能实现。高利贷应该废除,而为农民服务的信贷设施应该增加。

2. 尼赫鲁的农业合作思想

(1) 尼赫鲁的民主社会主义思想

在尼赫鲁的思想体系中,社会主义思想占有十分重要的地位。尼赫鲁早在英国学习期间就接触了费边社会主义思想。他后来说道:"我应该说确实在剑桥时,广泛地说来某些社会主义观念,部分是一些更激进的社会主义的观念发展起来了。"1927年尼赫鲁参加了布鲁塞尔被压迫者大会,被选为会议期间成立的"反帝大同盟"的执行委员。这成为他政治思想发展的里程碑。1927年11月尼赫鲁又去苏联参加了十月革命十周年庆祝活动。

---

① 戴家墨、尚劝余:《甘地与凯末尔的经济思想之比较》,《海南师范学报》,1999年第3期。
② 《贱民》,1943年2月15日。

在几天的访问中,苏联的社会主义建设给他留下了深刻的印象,苏联在社会发展、经济建设等方面取得的成就对他产生了很大的触动,他认为在苏联找到了解决当时世界难题的方法。他后来说:"这次苏联之行使我从新的角度看待历史和现实。"面对印度的实际问题,"我们不可避免地只能得出唯一可能的解决办法,那就是建立社会主义秩序。"1936年,尼赫鲁还指出,"解决世界问题和印度问题的唯一办法就是社会主义……除了社会主义,没有其他的道路可以消除印度人民的贫穷、大量失业、落后和被奴役的地位……这是指一种新的文明,一种与资本主义秩序完全不同的文明。"[1] 此后,尼赫鲁便自称成为一个社会主义者。他认为,"社会主义不仅仅是一种经济学说,而且是一种人生哲学。""它意味着最终改变我们的天性、习惯和愿望。简而言之,它意味着与目前资本主义秩序全然不同的新文明。"[2] 就是说,这意味着对社会彻底改造,消灭贫困与不均,实现社会正义与平等。在印度刚刚独立时,印度国内面临着贫困、失业、文盲众多,经济落后、发展缓慢、基础设施严重不足等一系列问题。而要解决这些问题,尼赫鲁认为需要借鉴美苏两个大国在社会和制度等方面的优势,把社会主义这种恰当的制度形式与资本主义民主价值融合在一起,并在此基础上形成的一个新社会,这样所形成的带有印度特色的新社会就被普遍描述为"民主社会主义"。

尼赫鲁认为,在按照其民主社会主义原则建立的社会里,所有人都享有平等的受教育和工作的机会,并且废除了一个阶级对

---

[1] Irene Brown, "Studies on Non-Alignment", *The Journal of Modern African Studies*, Vol. 4, No. 4 (Dec., 1966), p. 518.
[2] 布赖特·塔哥特:《贾·尼赫鲁重要演说集》,拉合尔,1945年,第12页。

另一个阶级的剥削。促进人类个性更加自由和更加充分的发展是民主社会主义的最高目标。如果贫困及收入和财富的不平等被视为实现这一最高目标的障碍,那么没有民主也同样是实现这一最高目标的障碍。因此,使社会主义和民主的思想相互协调一致具有重要意义,这样才能发展一个新型社会,在这个社会里,人能够以更全面的方式实现自我和天生的本性,并得到更高水平的物质享受。①

独立后,尼赫鲁将其民主社会主义的思想付诸实践,1955年,他郑重提出了在印度建设"社会主义类型社会"的理论。这个理论是尼赫鲁社会主义思想最集中的体现,也是尼赫鲁将他所理解的社会主义与西方资本主义、印度的甘地主义相结合的产物。应当说,他的"社会主义类型社会"既不是马克思主义所主张的社会主义,也不是欧美国家所实行的资本主义,而是一种具有印度特色的社会主义和资本主义的混合物。② 有的时候,他又把自己的社会主义称为"中间道路"或"第三条道路"。1956年,尼赫鲁在一次演讲中解释道:"我们说,我们的目标是建设社会主义类型的社会。我没有确切地提出社会主义的内容是什么,因为我想避免任何僵死的或教条的思想。在我的一生中,我已经看到了世界发生如此之大的变化,以至于我不想把我的思想限定在任何僵死的教条中。那么,从广义上讲,当我们说'社会主义类型的生活'时,是指什么呢?我们是指那样一个社会,在这个社会里每个人都有同等的机遇,都能过美好的生活。显然,

---

① 〔印〕鲁达尔·达特,K. P. M. 桑达拉姆:《印度经济》,四川大学出版社,1994年12月版,第238页。
② 朱明忠:《评尼赫鲁的社会主义思想》,《当代亚太》,1998年第8期。

如果我们不能创造出达到美好生活标准所需要的财富，那么这个社会是不能实现的。因此，我们必须强调平等和消除各种差别，必须时刻记住社会主义并不是传播贫穷。最根本的事情，是必须扩大生产和增加财富。"①"社会主义类型社会"的基本内容包括实行"混合经济"——公营经济和私营经济并举；制定"经济计划"，促进经济发展；公平分配财富，保证社会平等；倡导合作精神，提高民众道德水平；提倡民主，主张民主与社会主义相结合；反对暴力，主张通过和平的手段实现社会主义等六个方面。②尼赫鲁所倡导的"社会主义类型社会"和他所主张的一些社会主义思想和政策，是 20 世纪中叶印度这个特定的历史环境中的产物。它对印度社会和经济的发展已经发生了重要的影响，对未来的印度还会产生深远的影响。

（2）**尼赫鲁的农业合作思想**

农业合作化思想既是尼赫鲁社会主义思想在农业领域的集中体现，同时也是其哲学观点的重要体现。在尼赫鲁的哲学思想中，他强调社会协调的重要性，认为社会应当是有序的。未来社会"必须以合作代替竞争"，他声称，"我所追求的是取消社会中的利润动机，以为社会服务和合作的精神来代替竞争，以为消费而生产代替为利润而生产"。③对于现实的民族压迫和阶级压迫现象，他主张在争取自由的前提下去争取民族合作，在印度社会内部，则以合作为前提去争取自由。早在独立斗争时期，尼赫鲁

---

① 萨维帕里·高帕尔：《尼赫鲁文选》，德里，1980。第 313 页。
② 朱明忠：《评尼赫鲁的社会主义思想这》，《当代亚太》，1998 年第 8 期。
③ *Government of India*, *Selective Works of Jawaharal Nehru*, V7, Orient Longman New Delhi, 1975, P283.

就已提出了农业合作化思想。1944年在《印度的发现》一书中，尼赫鲁指出，社会主义"并不一定意味着财产私有制的废除，但却将意味着一些基本而主要的工业收为公有。这也将意味着土地的合作化或集体管理。尤其是在印度，大企业之外，我们还必须有合作方式的对小型工业和农村工业的管理"。[1]

独立后，尼赫鲁丰富了自己的农业合作思想。在土地改革之初，他就反复强调，土改之后的印度农村不能走两极分化的资本主义发展道路，而应走合作化道路，即在土地私有化的基础上，引导农民通过自愿的互助合作，实现共同富裕。他指出，像西方那样的资本主义大农场是不可取的，那会更加拉大贫富差距；只有合作化才能防止两极分化，并把分散的力量组织起来，把分散的土地资源集中起来，产生规模效应，提高生产力。[2] 1948年在尼赫鲁主持的国大党经济计划会员会的报告中明确指出："在耕作者和国家之间的所有中间人都必须取消，应由非营利的机构（如合作社）取代。"还说"必须规定土地持有最高限额，限额以外的剩余土地由国家征收，交给合作社经营"。报告书主张持有土地达一定规模的农户可建立家庭农场，不足者可联合建立合作农场，经过一段时间的过度，最终合并成以村为基础的合作社，作为维护农民利益，改变两极分化状况的基本保证。[3] 1956年8月，尼赫鲁在印度人民院发言时宣称，政府正在研究关于在全国各地建立合作农场作为实现农业发展纲领的基础问题。根据尼赫鲁的讲话和印度第二个五年计划草案规定，印度政府在今后10

---

[1] 《印度的发现》，中译本，世界知识出版社，1956年第一版，第693页。
[2] 林承节：《独立后的印度史》，北京大学出版社，2005年版，第157页。
[3] 《印度国家农业委员会1976年报告书》，第15卷，《土地改革》，第50页。

年左右将使大部分土地在合作制下耕种。在 1959 年的国大党那格浦尔年会上，尼赫鲁还强调说："我们的目标是要在印度每一个村庄建立一个村评议会、一个合作社和一个学校。合作社将负责购买肥料、更好的种子和出售产品。"①

为了促进本国农业合作运动的发展，尼赫鲁不仅从社会主义国家中国取经，而且从资本主义国家以色列取经。20 世纪 50 年代初，中国的农业合作化运动蓬勃发展，尼赫鲁对此非常感兴趣，从中受到鼓舞。认为农业合作化运动可以促进农业生产。为此，1955 年底和 1956 年 7 月两次派代表团到中国考察，希望能借鉴中国的经验以推动印度的合作化。

尼赫鲁坚决反对有些人把他的合作社思想只看作是意识形态的产物，而不是从生产的角度考虑。他说："由于某些奇怪的原因，'合作社'一词令许多人害怕不已……据说这会导致某些可怕的东西——共产主义……共产主义和合作社没有任何关系。"② 他说："通过组织合作社，农民们可以将资源汇集起来，提供信贷并供应种子、农具、化肥等，并且能够组织销售他们的产品。合作社可以消除高利贷者和中间人。这就是为什么全世界的农民都组织起服务型合作社的原因。"③ 尼赫鲁也从生产的角度考虑发展生产合作社。他认为，小农不进行合作就不可能利用现代技术，合作是小农未来增加生产的关键。因此，必须在全国范围内

---

① 黄思骏：《印度土地制度研究》，中国社会科学出版社，1998 年版，第 327—328 页。
② Government of India, *Selective Works of JawaharalNehru*, Vol. IV, Orient Longman New Delhi, 1980, P141
③ Government of India, *Selective Works of JawaharalNehru*, Vol. IV, Orient Longman New Delhi, 1980, P130

开展合作运动,使所有的村庄和农民都加入进来。①

(二) 独立后印度农业合作经济组织的发展

1. 1947年至20世纪90年代以前印度农业合作经济组织的发展

独立前,印度曾经是饥荒频仍,饿殍遍野。独立后,印度非常重视农业生产。印度首任总理尼赫鲁指出:"农业具有头等重要的意义","农业应给予优先"。为了发展农业,印度政府制定并实行了农业发展的"制度战略"。其中,推行农业合作化构成了"制度战略"重要组成部分。对于合作化印度国大党和尼赫鲁政府也充分认识到它的重要作用,国大党很早就认识到为了实现社会和经济目标,应该更好地利用合作运动中社员个人的积极性。主持国大党土改委员会的J. C. 库马拉帕综合研究了土地改革的问题后得出的结论是:"没有各种合作模式,农业的有效性就不可能有实质性地提高。"② 尤其是那些持有少量土地、单独经营不合算的农户,应通过合作耕种方式,克服面临的困难。而早在独立斗争时期,尼赫鲁也已提出了农业合作化思想。独立后,尼赫鲁最终将自己的农业合作思想付诸实践。在其主导下制定的第一个五年计划就把合作社和潘查亚特作为促进印度经济和政治发展的优先制度选择。该计划强调合作社作为一种组织方式,要涵盖社会发展的所有方面。该计划还规定要成立城市合作

---

① 金永丽:《略论尼赫鲁的农业政策》,《陕西师范大学学报》,2000年第1期。
② 《国大党土改委员会报告》1949年第10页。

银行、工人工业合作社、消费合作社、住房合作社等，并通过合作社的教育和培训制度来传播知识。① 根据尼赫鲁的讲话和印度第二个五年计划草案规定，印度政府在其后 10 年左右将使大部分土地在合作制下耕种。

1959 年 6 月，印度政府委任了一个合作耕种工作团，其主要任务是检查农业合作经济组织可能面临的组织和经营管理问题。该团通过对若干农业合作经济组织调查后，认为"合作耕种对于改善经济和社会状况，尤其是中、小农的经济和社会状况是一种有效的办法和组织"。在 1959 年的国大党那格浦尔年会上通过的关于农业组织形式的决议特别指出，印度"未来的农业形式应是合作的联合耕种，土地集中起来实行联合经营，农户仍保留他们的财产权，并根据他们的土地比例从净产量中分得自己的份额。而且实际的田间劳动者不论拥有土地与否，都将根据他们在联合农场投入劳动的比例，分得自己的份额。作为第一步，在实行联合耕种之前，需要在全国范围内组织服务合作社。这个任务需要在三年内完成。但即使在这段时间之内，只要有可能，只要农户一般表示同意，即可开始实行联合经营。"②

正是在这些思想的指导下，从独立开始，印度政府就把农业合作化作为解决农村问题的有效药方，在印度计划委员会制定的多个年度计划中，合作社都被赋予了重要的角色。为了促进农业合作运动的发展，印度政府采取了一系列的政策措施。其中一个

---

① Co-operatives history, NCUI 网站, http://www.ncui.coop/history-coop.html

② 弗·R. 弗兰克尔著, 孙培军等译:《印度独立后政治经济发展史》, 中国社会科学出版社, 1989 年版, 第 186 页。

重要的举措就是在 1951 年成立了全印农村信贷调查委员会,经过大量的调查和研究,1954 年该委员会提交了一份调查报告。报告指出,信贷合作社没有涵盖到全国大部分地区,即使有所覆盖的地区,大量的农业人口仍然被排除在信贷合作社体系之外。更为重要的是,那些成为合作社社员的农业人口,其信贷需求的 75.2% 仍然来自其他渠道。①

该委员会根据调查的实际情况,对印度信贷合作社的发展提出了一系列详细的建议:要求国家给予各级合作经济组织足够的重视;贷款的重点是对作物生产提供短期信贷,对基础设施建设提供长期信贷;通过建立较大的合作信贷机构,加强合作社在农业信贷中的基础地位;将信贷与销售、加工结合起来;扩大农村合作经济组织的仓储设备;建立印度国家银行并使其分支机构延伸到广大农村,同合作信贷机构建立有机联系;建立为各级农业合作经济组织培养人才的机构;建立全国农业信贷基金、全国农业合作经济组织发展基金、全国仓储设备发展基金、农业救济和保障基金等国家基金,为农业合作经济组织提供各种优惠贷款。②

印度政府接受了很多合理的建议,一方面不断加大对农业合作社的资金上的投入和支持。在第一至第六个五年计划中,分别拨款 3.4 亿、7.7 亿、6.4 亿、25.8 亿、37.6 亿和 58.4 亿卢比用于促进农业合作社的发展。③ 农业合作社也有了明显的发展,

---

① Co-operatives history, NCUI 网站, http://www.ncui.coop/history-coop.html

② 冯开文:《印度农村合作社的发展》,《中国农村经济》,2007 年第 4 期。

③ 同上

合作社数量也从1950−1951年度的18万个迅速增加到1960−1961年度的33万个，同期初级社社员数量从1370万户增加到3520万户，股金从4.5亿卢比增加到22.2亿卢比，流动资金从27.6亿卢比增加到131.2亿卢比。在该时期，印度农业合作经济组织发展的一个重要特征仍然是信贷合作社占有主要地位，尤其是在数量上。1956−1957年度，初级信贷合作社有16.15万个，占印度所有合作社的比重仍高达65.9%，其成员达到911.68万。虽然数量较多，比重较高，但是初级信贷合作社的规模很小，在1956−1957年度，平均每个初级信贷合作社的社员只有56个，运营资金只有6086卢比，股金1228卢比，社员人均股金22卢比，储蓄资金498卢比，社员人均储蓄资金9卢比。[1]

另一方面政府也鼓励、支持很多全国性农业合作经济组织的建立。1962年印度政府批准成立了农业融资公司，该公司通过中央土地抵押银行向合作社提供长期贷款。1963年国家合作发展公司的建立大大推动了销售和加工合作社的发展和繁荣。1964年10月，时任印度总理夏斯特里在阿南德地区参观时，该地区奶业合作社的发展给其留下了深刻的印象。夏斯特里希望建立一个国家级的组织——国家奶业发展委员会，以便在全国推广阿南德奶业合作社的模式。1965年，国家奶业发展委员会成立，印度的奶业合作社由此走上了迅速发展的快车道。在政府的帮助下，整个20世纪60年代，包括上述众多组织在内重要的国家合

---

[1] Eleanor M. Hough: "the Co-operative Movement in India", Oxford University Press. Fourth Edition 1959, P377.

作社组织纷纷建立起来，土地发展银行的发展速度也得以不断提升，农村电力、牛奶、家禽、渔业和劳动力合作社等都不断地成立起来并得到了较快的发展。

1969年开始的第四个五年计划对于合作社的发展给予了更多的重视，要求在建设过程中提出更加切实可行的目标，重建更合理的短期和中期的结构体系。并制定一些必要的规定以给予合作社提供管理补贴，共同持有合作社的认缴资本，重新发挥中央合作银行的重要作用。该计划和1974年开始的第五个五年计划都强调在政策上要向小农户和贫困农户倾斜，给予他们更多的关照和政策上的支持。第六个五年计划提出要把信贷合作社建成一个多功能的组织，加强消费者和消费合作社之间的联系。

1981年，印度通过了国家农业和农村发展银行法案，国家农业和农村发展银行的建立将为合作社银行、地区农村银行等提供资金上的帮助，以促进资金向农村地区流动。1984年，取代1942年的新的跨邦合作社法颁布实施，通过这样一部全面的综合立法，来促进真正意义上的跨邦合作社的发展和有效地发挥其功能，并对它们进行规范的、较为统一的管理。1985年，为了满足不断高涨的合作社自治运动的需求，改革合作社法案，印度政府成立了一个委员会，以合作社的民主、专业化管理为基本要求来引导改革相关法案。该委员会建议废除妨碍合作社民主与自治的一些地方法规，并建议吸纳一些能促进合作社的民主建设，专业化管理的法律条款。这些举措为进一步促进农业合作社的发展，为20世纪90年代开始的合作社相关领域的改革奠定了重要的基础。

20 世纪 50-80 年代印度农业合作社的发展

年度	合作社数量 （10 万个）	初级社社员数量 （10 万户）	股金 （千万卢比）	流动资金 （千万卢比）
1950－1951	1.8	137	45	276
1960－1961	3.3	352	222	1312
1970－1971	3.2	644	851	6810
1975－1976	3.1	848	1529	12432
1980－1981	3.0	1062	2088	20021
1981－1982	2.9	1149	2100	21000

资料来源：India Yearbook 1979；India Yearbook 1985.①

经过多年的发展，从 1960－1961 年度到 1981－1982 年度，合作社数量虽逐年有小幅减少，但初级社社员数量、股金、流动资金等都大幅增加。1981－1982 年度，初级社社员数量达到 1.149 亿户、股金达到 210 亿卢比、流动资金达到 2100 亿卢比。到 80 年代末期，印度农业合作经济组织也逐渐形成包括信贷合作社、生产合作社、销售合作社、供应合作社、加工合作等在内的专业化较为明确、结构比较完整的组织体系。但在这一阶段，农业合作经济组织的发展存在较大的不平衡性，这种不平衡性一方面是体现在国内地区发展的不平衡，农民参与程度的不平衡；另一方面则体现在分工和结构体系上的不平衡，信贷合作社和销售合作社仍然是合作社的主体，其他合作化组织的发展很慢而且所占比例很小。

---

① 转引自冯开文：《印度农村合作社的发展》，《中国农村经济》，2007 年第 4 期。

2. 20世纪90年代以来印度农业合作经济组织的发展

1991年，拉奥执政后，面对危机四伏的国内经济和风云突变的国际形势，为摆脱国内经济困境，对付国际形势的严峻挑战，印度大张旗鼓地提出了以私有化、市场化和全球化为主要特征的经济改革。印度经济逐渐向私营经济为主体的混合经济体制转变、向市场调节为主导的宏观管理机制转变，大力推进经济全球化，把印度纳入世界经济体系之中。为了适应宏观经济的调整和变化，印度需要对合作运动进行全面的总结和分析，并以此为基础指导农业合作经济组织未来的改革和发展。

1990年，印度计划委员会任命一个以Choudhary Brahm Perkash为主席的专家委员会，要求对合作运动的发展状况做一个全面的评估，对未来发展提供建设性措施并草拟一个新型合作社法。1991年，该委员会提交的报告中指出，每个邦都有自己的合作社立法，法规要求其管辖下的合作社社员只限于该邦内的成员。同时还提交了一份新型合作社法的草案并送达每个邦政府。

印度政府开始的对外开放和经济自由化政策给中央和地方各级政府带来了更多的压力。农业合作经济组织也面临更多的改变，政府对他们的保护减少，它们需要同私营部门一起开展竞争。1992年开始的第八个五年计划就强调要给予合作运动更多的自治和民主权利，把合作经济组织建设成为一个自我管理、自我调节、独立的组织机构。还要求合作经济组织提高经济能力，为小农户、劳工、工匠、贱民、妇女等提供更多的就业机会，在专业化管理下发挥更多的社会发展和培训的功能。①

面对国家宏观经济政策的调整，国家对合作运动要求的变化，农业合作经济组织也作出了相应的调整，发生了一些较为明显的变化，这主要体现在两个方面。一是生产合作社发展缓慢，在农业合作经济组织中所占的比例越来越小，而加工合作社、销售合作社和一些综合合作社发展迅速。合作糖厂和印度农民化肥合作社就是加工和销售合作社典型的代表，另一个发展超群的农业合作经济组织是综合合作社中的奶业合作社，它们持续的发展已经使其成了印度农业和农村经济增长的重要引擎。二是农业合作经济组织为了应对国家提出提高经济效益的要求，主动适应市场需求，实施产业化经营，延伸产业链、提高附加值。为了提高市场竞争力，各农业合作经济组织发展和完善了自己的组织体系，积极实施生产、加工、销售一体化战略。由于农业合作经济组织努力实施一体化经营，业务逐渐扩张，产业链不断延伸，专业性较强的农业合作经济组织，综合性特征越来越强，有些已逐渐发展成为规模越来越大、竞争力也越来越强的大型综合性的商业企业。

经过 110 多年的发展，尤其是独立以后，政府的大力扶持和引导，印度的合作运动有了长足的进展。根据印度国家合作社联盟 2012 年的统计，印度全国共有 61 万个合作经济组织，国家级合作社联盟 19 个，邦级合作社联盟 390 个，地区级合作社联合会 3571 个，初级农业信贷合作社 14.79 万个，非信贷合作社

---

① Co-operatives history, NCUI 网站，http://www.ncui.coop/history-coop.html

45.8万个，2.49亿户社员，运营股份资本达到了3832.84亿卢比。覆盖全国71%的家庭和98%的乡村，分布在几乎所有的经济领域，并在其中许多领域拥有较高的市场占有率。如所有农村信贷的16.9%、短期农村信贷的20%、农用肥料销售的36%、农用肥料生产的28.3%、糖业生产的39.7%、小麦收购的24.8%、水稻收购的14.8%、食用油市场的49%、渔业的23%、基层仓储设施的64%、动物饲料的50%、棉花收购的59.5%、零售平价商店的20.3%等，[1] 以及1410万个就业机会都是由农业合作经济组织提供的。[2] 农业合作经济组织经济已成为印度国民经济的一支重要力量。

（三）印度农业合作经济组织发展的原因

1. 印度农业发展模式的需要

由于特殊的国情和资源禀赋条件，印度农业的增长主要依靠集约型农业，采用以技术改革为中心的现代农业发展战略。印度是一个劳动力资源非常丰富的国家，在12.37亿的总人口中，劳动力占到了总人口的68%，农业人口占印度总人口的72%。而且劳动力资源保持持续增长势头，据专家估计，印度劳动力将由2000年的6.2亿增加到2020年的8.8亿；劳动力年龄段人口将

---

[1] Indian Co-Operative Movementa-a statistical profile 2012, http://www.ncui.coop/pdf/Indian-Cooperative-Movement-a-Profile-2012.pdf
[2] Share of Co-Operative in National Economy, http://sailcooperativecredit.com/economy.php

在2030年左右超过中国,成为全球劳动力资源最丰富的国家。①印度2005年约有可耕地1.7亿公顷,居世界第二,仅次于美国②。但由于印度众多的人口,人均耕地面积只有0.17公顷。从对印度资源禀赋的分析可以看出印度是一个人口众多,劳动力极其丰富,而土地资源相对不足的国家。根据约翰·希克斯的诱导创新理论,如果一种要素的价格相对于其他要素上涨,就会导致减少这种要素相对使用量的一系列技术变革。结果是,由资源稀缺带来的对经济增长的制约可以被以相对丰富的要素替代相对稀缺要素的技术进步所消除。③在印度由于人口众多,因此,其劳动力这一生产要素是相对丰富的,因而也是较为便宜的,而土地这一生产要素则相对稀缺,因而也较为昂贵。因此,印度政府只有通过农业的技术革命,采用"土地节约型"技术,用相对丰富的劳动力去替代稀缺的土地,实际上也就是在农业发展中采用以两次绿色革命为代表的"技术战略"。这是印度在借鉴了日本等其他一些发达资本主义国家农业发展模式和农业现代化道路的基础上作出的选择。

在印度要发展集约型农业,采用以两次绿色革命为代表的"技术战略"需要大量的资本投入,需要一个庞大的组织网络对农民进行技术上的帮助和指导,印度的农业合作经济组织正好满足了这些方面的需求。信贷合作机构可以为社员的各种生产性投

---

① 欧鹏:《中国社会发展劳工权益提升,东南亚劳动力价格比中国更低》,《青年参考》,2006年2月25日。
② 欧盟报告:《印度已成为农产品净出口国》,新华网,2008年01月14日,http//:news.xinhuanet.com
③ 〔日〕速水佑次郎〔美〕弗农·拉坦著,郭熙保、张进铭、等译:《农业发展的国际分析》,中国社会科学出版社,2000年6月版,第2页。

入提供资金上的帮助,其他类型的农业合作经济组织还可以为农户提供价格优惠,质量优良的各种生产资料。各种农业合作经济组织还通过对农户的教育和宣传,对各级合作机构的领导者和雇员进行持续不断地教育和培训,使他们对日常管理、产品加工、质量控制、账目的记录和所有其他的一些管理更加熟悉和专业化。农业合作经济组织还经常组织技术人员下乡,普及技术,规范操作程序,提高产品质量和数量。所有的这些措施,对于在印度发展集约型农业,实施农业发展的"技术战略"具有重要的作用。

2. 克服小农户和大市场之间的矛盾,保护农户自身利益的需要

20世纪90年代初,印度开始了经济改革,计划经济体制逐步向市场经济体制转变。但是市场经济在提高资源配置效率的同时,不可避免地会形成众多利益冲突。在市场经济下,市场交易双方不断进行博弈,博弈的结果往往由交易双方的实力来决定。在市场交易中,交易双方谈判权力悬殊导致利益落差过大时,利益过于受损的弱势群体,只有联合起来形成合力才能对抗强势群体对谈判权力的垄断,使其接受较为平等的竞争条件。合作是他们能够利用的组织资源,是增强他们的他们谈判的必由之路。所以,合作社就是在市场交易中本来没有或者缺乏谈判权力的群体争取和创造自己的谈判权力的一种有效的组织形式。合作社是对市场交易中谈判权力垄断者的抗衡力量。[1]

另一方面,印度是一个以小农经济为主的国家,家庭经营是

---

[1] 唐宗焜:《合作社功能和社会主义市场经济》,《经济研究》,2007年第12期。

印度农业最普遍的生产经营方式。小规模的家庭经营存在着很大的局限性，如市场谈判地位低、信息不灵、交易成本高等。分散的小规模经营是自给自足的自然经济下的产物，已不能适应社会化大生产、大市场的市场经济。因此，印度和很多其他发展中国家一样，农村和农业都面临着小规模经营的农户与大市场的矛盾。这种矛盾是由于单个农户经营规模很小，提供市场的农产品数量十分有限，在面对规模日益扩大的工商业资本时，农民的竞争力和市场地位就显得微不足道。要改变这样的状况，农户就必须扩大生产和经营规模。而扩张的方式有两种，一是从农户内部入手，通过扩大土地经营面积实现内在生产规模的扩大。但这对于人多地少的印度来说这是不现实的，而且对于绝大多数印度农民来说也是十分困难的，这源于他们薄弱的资金实力。第二种就是从农户外部入手，把单个农户组织起来，建立产前、产中和产后相互联系的农业合作经济组织，通过联合扩大经营规模。它们能够使农户与市场、生产与技术、政府与农民之间建立有效的联系，解决家庭经营条件下农户小规模生产与大市场的矛盾，推进向产业化、专业化和市场化的方向发展，满足农民产业化的内在要求。[①]

印度的奶农就通过成立奶业合作社的方式克服小农户和大市场之间的矛盾，保护自身的合法利益。由于牛奶和其他农产品一样，在生产、收集上具有空间上的分散性，时间上的非连续性和一定的季节性等特点。然而，市场对牛奶的消费需求在空间上却

---

① 程同顺：《中国农民组织化研究初探》，天津人民出版社，2003年版，第20页。

是集中的，在时间上是持续进行的。特别是像印度这样的国家，奶业的发展主要靠的是只拥有一两头奶牛的广大奶农。他们人数众多，提供的却是单一同质的产品，其市场结构是典型的完全竞争，奶农只是价格的被动接受者，而且同质的产品无法获得产品差异化所带来的较高收益。因而奶农个体和市场整体之间就存在着很大的矛盾。具体体现为分散的奶农在面对牛奶加工和销售企业，甚至还有一些中间商时，就会显得势单力薄，任由他们宰割。在奶业合作社建立以前，中间商在丰收季节给予的牛奶价格只有歉收季节牛奶价格的一半多一点，牛奶的产量增加了，可奶农的收益却并没有增加。而在成立并加入了奶业合作社以后，不但能实现储运、加工和市场营销的规模经济，并通过批量购销改变价格谈判能力，而且还能通过创立品牌、产品差异化等实现加工增值。比如地区合作社联合会就利用自己的加工厂把那些季节性过剩的液态牛奶加工成奶粉和其他易于保存的奶产品，实现了产品的多样化，然后再把这些产品交由邦合作社联盟以统一的品牌予以销售。这样不仅既解决了丰季牛奶相对过剩的问题，而且还增加了牛奶的附加值。奶农在丰收季节牛奶的价格也能达到歉收季节价格的 80%。事实证明奶农们只有联合起来，用联合的整体来对抗工商巨头们的买方垄断和中间商的盘剥，才能摆脱这种不公正的地位，争取和保护自己的利益。

3. 减少经营风险，降低经营成本，获取稳定收益的需要

农业生产是经济再生产和自然再生产的统一过程，经常面临市场风险和自然风险，同时由于农产品的需求弹性相对较低，因而是高风险与低回报行业。① 对于市场风险，宏观上可以通过政府的农业政策加以管理，在微观上，农户可以通过加入农业合作经济组织进行规避。面对自然风险，其主要的管理手段为农业保险，农业合作经济组织对此也发挥了重要的作用。在印度，合作社已被允许进入保险领域。很多合作经济组织开始单独，或者与国内外的专业保险公司合作经营保险业务，充分发挥自然风险管理和市场风险管理的双重职能。在经营保险业务过程中，他们首先组成了一些相互保险组织，经营其社员的保险业务，为分散风险，稳定财务状况，各合作保险组织联合组建大型的相互保险组织。在社员面对自然灾害或者由于自身服务而产生一些风险时，往往都会通过灾前向社员预报灾情、灾后提供资金支持、技术指导、信息服务等积极措施让社员的损失降到最低，并给予一定补偿。印度农民化肥合作社还设立救助基金，用于灾害时救助社员。

农业合作经济组织在有效地帮助农户降低风险的同时也有助于降低生产和交易成本，提高农户的收益。当农户以独立的农产品生产经营主体分散地进入市场时，单个农户参与市场交易就具有很大的不确定性，有时费用则极为高昂。而加入农业合作经济组织后，那些交易费用较高的市场分工活动将变成组织内部分工，由此实现市场内部化，这将大大节省交易费用。

4. 提高农业生产效率，促进农业现代化的需要

农业现代化就是要在农业生产中广泛采用现代科学技术。一

---

① 高启杰、蔡志强、张海森：《发挥农民组织在保护农民权益中的作用：兼论新一代合作社发展经验对我国的借鉴作用》，中国改革发展研究院《农民权益保护》，中国经济出版社，2004年版。

些发展中国家农业低效率的最重要的原因也就是农业中缺乏现代科学技术的广泛应用,这和他们农业经营规模太小有很大的关系。印度是一个人多地少的国家,绝大多数农户的经营规模都很小。这些农户大多数都还处在贫困线以下,他们要希望通过扩大土地经营面积来实现内在生产规模的扩大,这几乎是不可能的。因此他们只有从农户外部入手,通过发展农业合作经济组织使这个问题得到某种程度的缓解。因为农民合作经济组织的建立有利于在较大范围内优化资源配置,实现规模化经营,提高综合生产能力和市场竞争能力,提高农业的商业化水平。

印度农业合作经济组织还充分利用自己庞大的组织体系和经济实力,向农户提供和传授农业生产技术、农机操作技术,向社员提供质优价廉的化肥、农药和优良新品种等农业物资,保证农业生产的稳定和产量的增加。另一方面,作为提高广大农民社员科技文化素养的有效载体,印度的农业合作化组织凭借庞大的网络化组织体系,通过示范、教育和培训,广大农民社员的科技意识、营销意识、合作精神、市场适应能力尤其是专业技术水平都有了较大提高。农业合作经济组织还通过向社员提供技术服务,增加农民的科技知识和相应的操作能力。这些措施促进了农业科技的推广与运用,有助于农业发展科技含量的增加和农业劳动生产率的提高,印度农业传统而又落后的生产方式也会得到改善。

5. 政府的支持和引导

独立初期,印度的农业发展缓慢,虽然农民众多,但国家的粮食还是不能自给,大量依赖进口,失业问题也十分严重。在这样的背景下,印度政府提出了农业现代化的四个重要目标:增加农业产量,保证粮食供给,满足国家工业化的需要和增加就业机会。为了实现这样的目标，以尼赫鲁为总理的印度政府实行了农业发展的"制度战略"，通过改革土地关系结构，推行农业合作化等手段和方式增加农业生产，实现印度农村的公平、公正和社会的进步。然而遗憾的是印度的土地改革是不彻底、不成功的，在这种情况下，印度政府为了发展农业，在制度上就只有更多地更多的寄托于农业合作经济组织的建立和推广。所以印度政府对农业合作经济组织的发展十分重视。因为在印度，农业合作经济组织被看作是实现农业发展规划的主要工具。特别是在农业生产投入的供应、农产品的销售和增加农产品的附加值方面，农业合作经济组织发挥了重要作用。这一事实已经在印度政府的五年经济计划和其他重要政策文件中得到了充分的体现。需要指出的是，政府已经在具体行动上对农业合作经济组织给予了大力支持和帮助，从村一级到国家一级的各级农业合作经济组织已经充分体验到了这种支持和帮助的重要性。在第一个五年计划中，政府赞成组建合作经济组织，支持合作经济组织从事的经济活动，特别是农业、销售、加工以及国内贸易等方面的合作，这些合作构成了社会经济发展的重要部分。作为民主计划、利益共享、社会发展的载体，"合作"是实施五年计划的基本特征。第二个五年计划强调了必须通过农业合作经济组织这一组织形式使广大农民在经济活动中得到较大的利益。第三个五年计划强调了通过合作经济组织渠道使生产者和消费者双方的利益得以均衡。以后的每个五年计划都强调合作经济组织将在政府制定的各项经济政策中继续发挥重要作用。具体来说，政府为了促进农业合作经济组织的发展为其营造了良好的法制环境；建立了良好的政策支持体系；营造了良好的制度环境和适合国情的市场环境，促进了市场的发育;增加了人力资本的投入,为农业合作经济组织的发展提供了人才支持。

6. 印度农业应对 WTO 要求,参与国际竞争的需要

20世纪90年代以来,世界经济全球化的进程大大加快。经济全球化的直接结果是农产品贸易国际化。在新形势下,农产品必须批量生产、规模经营、统一品牌和质量标准。分散经营的农户只有联合起来,依靠整体力量才有可能达到这些要求并参与竞争。这是刺激和影响印度农业合作经济组织发育发展的一个重要原因。数量品牌和质量标准不统一的农产品在市场上很难找到"大主顾"。没有统一的国家标准,行业标准,不与国际标准的接轨,农产品绝对没有竞争力。因此,分散的农户必须联合经营、统一品牌、技术和质量,农产品才有市场竞争力。为了使印度的农产品能顺利打入国际市场,只有把一家一户的农民组织起来,采用统一的生产加工标准,才能使农产品的规格要求符合国际销售标准,使农产品能够顺利进入国际市场,赢得利润。同时,在国际市场上,印度农民所面临的竞争对手主要是跨国公司和国外系统完备的农产品行业组织。因此,印度也只有通过建立各种农业合作经济组织,在农业国际化商海中构建出自己的"绿色航母",才能有能力与之合作和竞争,以争取利益实现的最大化。

第三节 简要的评价

印度早期的农业合作经济组织主要产生于信贷领域,从印度合作经济组织的产生和早期的发展可以看出,印度农业合作经济组织之所以能够产生并在早期得到一定程度的发展，主要是由于以信贷合作社为主的农业合作经济组织的建立让印度农民摆脱了高利贷的残酷剥削，又满足了自己在农业生产和家庭必要支出上的资金需求。从20世纪初合作经济组织产生，一直到"二战"爆发，印度的合作运动几乎只存在于农业领域，并且主要是为农民提供信贷服务。据统计，"二战"前，信贷合作社占到了所有合作经济组织的80%以上。非信贷的合作经济组织则微不足道，而且发展非常缓慢。20世纪20年代中期，阿萨姆邦的一些地方试图建立奶业合作社，但事实证明，这些都是不成功的。在"二战"期间，消费合作社在全国各地建立起来，但在"二战"结束后，绝大多数的消费合作社都关闭了。

独立以后，在政府的大力扶持和推动下，印度的农业合作经济组织发展较快，在促进印度农业和农村发展，减少贫困，增加就业和农民收入等方面发挥了重要作用。但由于制度的缺陷和资金的缺乏等多方面的因素，印度的农业合作经济组织还存在一些的问题。尤为遗憾的是，在印度合作化运动中具有极为重要地位，历史最为悠久的信贷合作社并没有成为推动农村发展的有力工具。而事实是农村中仍然存在大量的高利贷者，大部分贫穷的农民仍被排除在信用合作社之外。即使在今天，他们要获得信贷合作社的贷款都比较困难，手续非常繁杂，而且需要一定的财产担保，很多时候他们仍然只有借助高利贷的帮助，才能获得资金上的需求。这充分说明印度的信用合作运动还是不太成功的。究其原因，主要是由于几乎从信贷合作社一建立开始，它就违背了雷弗逊模式的精神——互助和商业盈利性原则。信贷合作社已经成为了政府的一种政策性工具。政府以所谓政治目的和道德观为理由,破坏了农村信贷合作社的商业原则,压低贷款利率,最终导致了信用机构的破产和萎缩,农民只获得短期的微不足道的好处,而长期发展的机遇被牺牲。而且,压低利率,还给贪污和滥用贷款者以可乘之机,农村中的富人和有社会影响力的人,积极谋求贷款的特权,并且逐渐控制操纵了一些以信贷合作社为主的众多农业合作经济组织,从中获取利益,而广大的贫穷者则获益无多。这样的结果只能造成这样一种观念,即对其成员而言,合作社的作用并非人们所想象的那样是一个融通资金的商业信用机构,而是政府的一种政策工具。

第四章　印度农业合作经济组织的特点、类型及发展趋势

第一节　印度农业合作经济组织发展的特点

（一）政府的作用明显

印度政府对农业合作经济组织的建设非常重视，主要通过制定法律及政策支持等手段推动合作运动的发展。首先，政府通过制定法律和实施农业政策对农业合作经济组织进行引导、规划、协调、帮助和监督。印度先后制定了《信贷合作社法》、《合作社法》，并且将发展农业合作经济组织纳入各个五年计划。"一五计划"将合作定义为民主国家计划经济的一个不可缺少的工具；"二五计划"进一步指出将组建农业合作经济组织作为发展计划经济的一个组成部分，国家政策的一个基本目标；"三五计划"

比起前两个计划步子更大，提出快速发展农业合作经济组织，并将农业合作经济组织视为社会主义模式不可分割的组成部分。"三五计划"还提出将农业合作经济组织作为实现经济实质变革的主要手段。"四五计划"以稳步发展为基调，提出农业合作经济组织发展战略的重心；"五五计划"的目标是巩固强化农业合作经济组织网络建设，保持农业的可持续发展，提高消费合作社的可行性，改善地区不平衡状况和加强无地农民、边际农民和弱势群体间的合作。"六五计划"指出农业合作经济组织是发展落后地区，尤其是农村地区经济的一个手段。五年计划制定者认为乡村自治委员会、乡村合作经济组织和乡村学校是建立公正、自主的经济、社会秩序的三个不可分割的机构。合作经济组织本身具有的非盈利性、入社自愿、一人一票制、分散决策和社员自愿规范利润这些优点很好地将个人优点和公共利益结合起来，使农业合作经济组织成为了一个有效的发展手段。①

其次，印度政府从贷款、投资、补贴等各方面对农业合作经济组织发展提供资金支持。第一至第六个五年计划期间，政府对农业合作经济组织持续增加资金投入。第一个五年计划投资额为3.4亿卢比，第四个五年计划大幅上升到25.8亿卢比，第五个五年计划增至37.6亿卢比，第六个五年计划高达58.4亿卢比。从1962-1963年度至1986-1987年度，印度政府用于农业合作经济组织的补贴达111.3亿卢比。除此之外，政府还通过参股的方式，向农业合作经济组织提供原始资金积累。1954年各邦政

---

① P. C. Bansil: *Economic Problems of Indian Agriculture*, Oxford & Ibh Publishing Co. New Delhi, P, 61.

府开始参股，到2012年，政府在初级信贷合作社股金总额中占有4.34%的比重。[①]

（二）信贷合作社在农业合作经济组织中具有重要地位

印度信贷合作社在农业合作经济组织中具有重要的地位，发挥了重要的作用。这种重要性体现在三个方面，第一，与生产、消费等非信贷类合作社相比，信贷合作社受市场变化的影响较小，因而风险较小，收益相对比较稳定，这既保障了社员的资金安全，又可以保障其他合作社的资金援助。第二，信贷合作社规模庞大，在印度所有农业合作社中占有的比重较大。在全国61多万个合作经济组织中，有信贷合作社14.79万个，占合作经济组织总数的24.2%。其中，有邦级合作社银行31个，支行997个。信贷合作社提供的贷款占整个农业信贷的16.9%，短期信贷的20%。参与信贷合作社的农户达到1.81亿，而非信贷合作社只有0.68亿户。[②] 第三，发展信贷合作社对拓宽印度合作经济组织的融资渠道，解决过分依赖股金等问题发挥了重要作用，而且还可以帮助、扶持非信贷合作社的发展，为中小农户等弱势阶层提供更广泛的服务。信贷合作社的发展，不仅为合作经济组织筹集资金提供了便捷稳定的渠道，而且增强了抵御市场风险的能

[①] Indian Co－Operative Movement－a statistical profile 2012, http: //www. ncui. coop/pdf/Indian－Cooperative－Movement－a－Profile－2012. pdf
[②] Indian Co－Operative Movement－a statistical profile 2012, http: //www. ncui. coop/pdf/Indian－Cooperative－Movement－a－Profile－2012. pdf

力，有效地解决了非信贷合作社利用提高股金利息筹集资金的非合作化倾向，为合作经济组织的发展提供了资金保障。

（三）完善的网络组织体系

完善的网络组织体系是印度农业合作经济组织稳步发展的重要保障之一。印度农业合作经济组织按照专业分工可分为信贷合作社、生产合作社、销售合作社、加工合作社和综合合作社等；从组织结构上可分为村级基层合作社、地区合作社联合会、邦合作社联社和全国性的合作社联盟四个层次，有的没有全国性的合作社联盟因而只有三个层次。印度合作社的最高机构是印度全国合作社联盟，其成员包括19个全国性的专业合作社联合社和390个邦级联合社。专业合作社联合社属于合作制公司性质，对外开展具体的经营加工和信贷业务。专业合作社内部按照收购、加工、销售、技术等工作环节进行垂直分工，越往上，技术难度和投资规模越大，产业化程度越高，所获得的附加值也越高，上级合作社对下级合作社服务的功能就越强大，合作经济组织在制度上的优势就越能体现出来。

（四）完善的技术投入与服务支持体系

印度的农业合作经济组织拥有较为完善的技术投入与服务支持体系，包括三个层面，一是重视农民合作意识的教育和培养，重视合作理念的教育和宣传，让农民充分了解农业合作经济组织的基本原则和运作模式，使他们了解参与农业合作经济组织能带来的具体好处,增强认同感和参与感。二是重视对农业合作经济组织经选举而产生的各级领导者和管理人员进行专业化的教育和培训。同时,也重视对社员的教育和培训,提倡成人教育和终身学习。为此,农业合作经济组织建立了比较完整的教育培训网络,这样的网络体系包括全国合作社管理学院、邦级合作社管理学院以及初级合作社培训中心。三是农业合作经济组织经常组织技术人员下乡,普及技术,规范操作程序,提高产品质量和数量。比如,为了提高牛奶的生产能力,奶业合作社在政府的帮助和指导下建立一个庞大的兽医服务和动物健康护理机构网络,这个网络在印度大约有8700家动物医院和综合医院,1.7万家动物诊所和2.5万家急救中心提供牲畜健康护理,他们通过这个网络对动物疾病进行治疗和预防。为了改良遗传潜力,印度政府联合60家冷冻精子站和约6.3万家授精中心一起设立了主要由政府部门和机构进行管理的人工授精服务站。在2003—2004年之间,印度生产了3900万剂量的冷冻精子,对大约2800万头牲畜实施了人工授精。[①] 除了改良国产品种,该组织还在政府的帮助下选用、引进了一些外来品种,使印度国内奶牛和水牛品种的改良取得了比较明显的成效。在动物营养方面,为了提高原材料的质量,印度开发了新技术来提高稻草的营养,生产尿素蜜糖块以及把食物中的蛋白质转化成保护蛋白质,从而更加有效地使用饲养原材料。

---

① 《印度乳品产业》,《今日印度》,2004年第12期。

（五）关心社区，促进当地社会、经济同步发展。

国际合作社联盟制定的合作原则中有一条关心社区的原则。印度各级农业合作经济组织在运行中很好的体现了这一原则。农业合作经济组织是为社员的利益而存在的，由于在一个特定的区域内与社员的这种密切关系，使得农业合作经济组织与其所在的社区也有着千丝万缕的联系。农业合作经济组织要在满足服务社员的基础上为社区发展服务，促进所在地区经济、社会、文化和环境等全面协调发展。农业合作经济组织发展的经验也证明，作为群众组织，农业合作经济组织具有区域发展的特点，成功地融入当地社区生活，获得当地居民和农户的支持，是其获得成功的重要条件。因此，印度的农业合作经济组织在搞好经营的同时，都十分注重参与当地的社区活动，促进社区建设，关心社区的发展。如投资教育，兴建社区图书室，开发扶贫项目，赞助失去劳动能力的困难者，召开社区会议，维护社区环境。这些活动的开展，既体现了农业合作经济组织的组织特点，也有助于农业合作经济组织融入当地居民生活，使其成为社区经济、社区文化的重要组成部分。

第二节 印度农业合作经济组织发展的类型

(一) 信贷合作社

信贷合作社无论是其数目和社员人数,还是在农业经济中的地位和作用,它都是印度最重要的农业合作经济组织。印度的合作运动也是从信贷领域开始兴起的。1904年,英印政府接受爱德华·罗为首的法律委员会提交的报告,即印度第一部《信贷合作社法》,自此,印度的合作化运动拉开了帷幕。由于高利贷商人向借贷的农民收取过高利息,以此压榨农民并使农民处于长期债务和贫困之中,所以印度开展合作运动的目的就是希望借此改善农村的借贷方式,在满足农民资金需求的同时又能减少高利贷者对农民的压榨和剥削,从信贷合作社相对廉价资金的获得有助于农民恢复生产,改善农业生产条件,提高农业生产效率。1912年印度通过新合作社法允许成立信用联社和中心合作银行。1919年,政府规定将合作社的检查和规划等权力下放到各邦政府,随后多个不同的邦都成立独立信贷机构。为了向农民提供更加丰富的贷款选择,满足农户的多种资金需求,尤其是长线贷款,1926年,英印政府根据马克拉甘委员会的建议成立了土地抵押银行。到了30年代,世界性的经济危机导致印度农产品价格和土地价格急剧下跌,许多合作社的资金链断裂,过期未能归还的贷款急剧上升,印度农村信用合作机构遭受了重挫。第二次世界大战的发生给印度合作社重新恢复发展提供了契机，信贷合作社也因此得到一定程度的复苏。到印度独立时，印度有已经拥有5个中心土地抵押银行和284个初级土地抵押银行。

独立后，根据"全印农村信贷调查委员会"的报告，印度政府作出了继续发展农村信贷机构的决定。在第一个五年计划中，政府强调应该建立和扩大合作信用体系，要使50%的农村地区和30%的农业人口纳入初级信贷合作社。在"二五"期间，印度开始建立邦、县和初级三级结构的农村信贷合作体系。为了向农户提供长期贷款，印度还成立了邦、县两级土地抵押银行。为了向土地抵押银行补充资金，1963年，印度储备银行建立了农业再融资公司。1975年，印度储备银行将土地抵押银行改成土地开发银行，并将农业再融资公司进行重组，形成农业融资和发展公司。1982年7月，印度将印度储备银行的农业信贷和农业融资和发展公司（ARDC）的融资业务转移至新成立的全国农业和农村开发银行。至此，印度的农村合作信贷体系基本形成。

印度的信贷合作社分为长期和中短期两类独立的农村信贷合作机构。中短期的信贷合作机构分为初级信贷合作社、县中心合作银行和邦合作银行。从事长期贷款的土地开发银行则为两级体系，分别为县初级土地开发银行和邦中心土地开发银行。

短期信贷合作机构中的初级信贷合作社是在村一级成立的基层合作信贷组织。初级信贷合作社的主要业务是以较低的利率向社员提供1年以内的短期贷款。其资金来源包括社员和政府认缴的股金、储蓄存款和县合作银行的贷款。初级信贷合作社发展很快，1950—1951年度，全国共有10.5万个初级信贷合作社，1960—1961年度迅速增加到21.2万个。经过整顿和合并，到

1976—1977年度，数目减少到12.3万个。但同期，社员人数却从440万分别增加到1704万4154.7万个。① 1990年6月，初级信贷合作社下降到8.8万个。进入21世纪之后，印度的初级信贷合作社又有了一定程度的增加，2002—2003年度初级信贷合作社达到了11.23万个，但由于鼓励小型信贷合作社的合并，初级信贷合作社的数字呈下降态势，到2003—2004年度，下降为10.57万个，但其社员却增加9.6%，达到1.35亿人。② 2009—2010年度，各种类型的初级信贷合作社又增加到14.79万个，社员人数达到了1.81亿人。③

县中心合作银行则是中间一级的信贷合作社。社员是本县的初级信贷合作社和其他的初级农业合作经济组织。中心合作银行的主要业务是向社员合作社提供贷款资金。它本身的资金来源有公众存款、社员和政府认缴的股金和邦合作银行提供的贷款。1950—1951年度，中心合作银行共505家，经整顿之后，到1978—1979年度减少到338家。但同期，股金从4040万卢比增加到31.4亿卢比，发放的贷款额也从8.28亿卢比增加到240.7亿卢比。④ 到2004年底，中心合作银行为365家，其分支机构则达到了1.16万个。⑤ 2010—2011年度，中心合作银行增加到371

---

① 孙士海：《印度农业合作社的发展、作用与问题》，《南亚研究》，1988年第1期。
② RBI：Report on Trend and Progress of Banking in India 2004—2005，June 30，2005 Page：139，[R]
③ Indian Co-Operative Movementa-a statistical profile 2012，http://www.ncui.coop/pdf/Indian-Cooperative-Movement-a-Profile-2012.pdf
④ 王树桐：《世界合作社运动史》，山东大学出版社，1996年版。
⑤ RBI：Report on Trend and Progress of Banking in India 2004—2005，June 30，2005 Page：139，[R]

家，其分支机构也增加到 1.33 万个。[1]

邦合作银行，是三级中短期信贷合作机构的最高一层组织。邦合作银行负责向其社员银行，也即县中心合作银行提供贷款，同时它也向其他农业合作经济组织提供贷款。它本身的资金除了社员的股金之外，主要来源于印度储备银行的贷款。其贷款期限最长为 18 个月，但是如果遇到特殊情况，还款期限可以延长至 7 年。1950－1951 年度，邦合作银行有 15 家，1978－1979 年度增加到 26 家。同期，股金从 1550 万卢比增加到 7.9 亿卢比，发放的贷款从 4.2 亿卢比增加到 223.7 亿卢比。[2] 到 2004 年底，邦合作银行达到了 31 家，分行 742 个。[3] 2010－2011 年度，邦合作银行仍然为 31 家，而分行则增加到 997 个。[4]

长期的信贷合作机构——土地开发银行是由土地抵押银行在 1982 年转变而成。社员大多是拥有较多土地的大、中农户。土地开发银行主要向农户提供偿债和购买土地所有权等方面的支持，后来扩大到提供打井、农机和浇灌设备购买的贷款。土地开发银行的实行两级管理模式，分别为县初级土地开发银行和邦中心土地开发银行。土地开发银行的经营规模也在不断扩大。1951 年，全国共有 5 家邦中心土地开发银行和 283 家初级土地开发银

---

[1] Indian Co-Operative Movementa-a statistical profile 2012，http://www.ncui.coop/pdf/Indian-Cooperative-Movement-a-Profile-2012.pdf

[2] 孙士海，1988：《印度农业合作社的发展、作用与问题》，南亚研究，1988 年第 1 期。

[3] RBI：Report on Trend and Progress of Banking in India 2004－2005，June 30，2005 Page：139，[R]

[4] Indian Co-Operative Movementa-a statistical profile 2012，http://www.ncui.coop/pdf/Indian-Cooperative-Movement-a-Profile-2012.pdf

行，初级土地开发银行有成员86330人，贷款总额达5340万卢比。①

国家农业和农村发展（NABARD）银行通过议会法案于1982年7月成立。该银行为农村信贷机构的最高权力机构。其任务是通过有效的信贷支持，相关服务以及其他创新性的措施促进农业和乡村地区可持续性的、公平的繁荣和发展。刚成立时国家农业与农村发展银行仅仅只有10亿卢比的资金，后来通过印度政府和储备银行不断地注入资金，2013年3月，注入的400亿卢比的资金中，印度政府达到398亿，比例高达99.5%，而储备银行仅仅只有2亿卢比，占比0.5%。② 国家农业与农村发展银行需要向邦合作银行、中心土地开发银行提供资金。2011—2012年度，国家农业与农村发展银行提供了8233.9亿卢比的资金支持，2012—2013年度，这一数额大幅上升到10392.3亿卢比，增长了26%。③ 印度的信贷合作机构为印度农业发展提供了大量的资金。下表清楚地显示了包括合作社在内的机构流向印度农业部门的资金量，从该表可以看出，农业部门从各级信贷合作机构获得的资金比例较高，数量也较大，2006—2007年度达到了4248亿卢比，2007—2008年度的上半年就达到了3307亿卢比，增长势头强劲。

---

① M. L. Dantwala, 1952: < Agricultural Credit in India – The Missing Link>, Pacific Affairs
② Genesis and Mission, NABARD, https://www.nabard.org/english/mission.aspx
③ Annual Report 2012—13, NABARD, https://www.nabard.org/english/allpublication.aspx

机构流向印度农业部门的资金（单位：千万卢比）

机构	2002—2003	2003—2004	2004—2005	2005—2006	2006—2007	2007—2008
合作社	23716	26959	31424	39404	42480	33070
地区农村银行	6070	7581	12404	15223	20435	15925
商业银行	39774	52441	81481	125859	140382	88765
合计	69560	86981	125309	180486	203297	137760

Economic Survey 2007—2008：http：//indiabudget.nic.in

（二）生产合作社

合作耕种是扩大农业生产规模的一种重要方式，其重要的特征就是把一定量的土地集中起来联合耕种。印度通过成立生产合作社，以土地集中耕种的方式实现了生产上的联合。印度的生产合作社可以大致分为以下四种合作社。

一是改良合作社。社员入社时，社员自己仍然保留自己的土地和农具，但必须遵循合作社制定的耕种计划。社员主要是为了学习和改善更好的耕作方法，或者是为了联合起来购买良种、肥料和农具。每位社员基本上是耕种自己的土地，单独获得自己的收益或者承担风险。这种类型的合作社更像是服务性的合作社。

二是租佃合作社。合作社新开发出一片土地，或者通过购买、租借等方式从地主、政府获得一片土地，然后再把这片土地分成小块租给无地的佃户。这些无地的佃农就成为了合作社的社员，每位社员根据合作社制定的计划来耕种自己的土地，合作社提供信贷、种子、肥料和大型的农具。在除去各种开支之后，合作社的收益按照各个社员支付的租金再予以分配。

三是联合合作社。合作社把社员拥有或租借的小块土地集中起来耕种，但社员对自己的土地拥有所有权，所有成员根据选举出来的委员会制定的计划在统一农业区域中集体耕种，每位社员依据自己的劳动获得工资。在除去土地使用、工资、管理费用和储备金等开支之后，集体耕种获得的收益按照社员付出劳动的多少，以及社员提供土地股份来进行分红。

四是集体合作社。社员将土地的使用权或所有权移交给合作社，牲畜和农具等也都作为股份转让给合作社，成为合作社的永久性财产。集体耕种合作社一般是在新开垦的荒地或者在政府的土地上组织起来的。这类农业合作经济组织按照按劳取酬的原则领取工资，除此以外，年终还按其工资总额和其他贡献进行分红。

联合合作社与集体合作社明显的存在一些区别，这些区别主要包括三个方面。第一，联合合作社社员对自己的土地和其他农业生产资料拥有所有权，他们只是放弃独立耕种的权利，而按照合作社的要求统一进行生产活动。在集体合作社，社员是没有土地的所有权，所有权属于合作社。第二，在联合合作社，社员的收入一方面来自付出的劳动，另一方面还有土地入股带来的收益。而集体合作社社员没有土地所有权，其收入仅仅来自付出的劳动。第三，在联合合作社，只有耕种是集中起来一起进行的，而集体合作社不管是耕种还是土地等所有权都集中起来由合作社统一安排。

包括生产合作在内的农业互助合作是尼赫鲁农业制度改革的

重要内容,他期待以这样的改革打破封建生产关系对生产力的束缚,提高农民的生产积极性,克服小农个体经营的缺陷。但是在独立后,互助合作尤其是生产领域的农业合作在国大党内部存在很大分歧,许多人认为尼赫鲁倡导的合作化就是要取消财产私有制。对于农民来说,生产合作似乎也没有太大的吸引力。大土地所有者和富农害怕合作化会危机土地所有权,对组织互助合作没有兴趣,只有一部分种植经济作物的大土地所有者,因需要贷款,打着合作社的名义,实际上是雇工经营。生产合作社对广大自耕农而言是一个没有经历过的新事物,对其效果没有把握,因此并不热心。土地很少的边际农和农业工人愿意参加却没有土地资源。这样,虽然合作化的主张尼赫鲁年年提,各邦却很少提它。整个20世纪50年代上半期在生产合作方面鲜有行动。①

在后来的发展过程中,由于印度人口不断增长以及利用土地归还债务等方面的原因,土地被不断地再分配和碎分化,面对这样的情况,印度政府还是希望以合作社的形式实现土地耕种的规模经营,并解决大量农村人口的就业问题。因此在后来的一段时间内,印度政府仍然鼓励建立各种形式的农业生产合作社。1978年,全国共有9697个,其中联合耕种合作社4947个,社员16.1万,耕种面积33万公顷。集体耕种合作社4750个,社员16.3万,耕地面积24万公顷。但农业生产合作社在印度农业经济中只占有极小的比重。参加农业生产合作社的农民只有2%,农业生产合作社的耕地也只占到全国耕地面积的0.2%。② 到

---

① 林承节:《独立后的印度史》,北京大学出版社,2005年版,第158页。
② 孙士海:《印度农业合作社的发展、作用与问题》,《南亚研究》,1988年第1期。

2008—2009年度,印度的生产合作社已经下降到6902个,其中联合合作社4297个,社员36.22万人,股金8006万卢比,政府参与比例36.27%。①

(三) 销售合作社

销售合作社是印度农村经济活动的基本形式之一。独立以前,一定形式的销售合作社在印度局部地区已经出现,但由于印度农业面临市场化严重不足,缺乏基本的交易场所和其他基础设施落后等问题,再加之农村市场被地主、商人和高利贷者所控制,农村市场俨然成为了他们敲诈勒索农民的一种工具。在剥削面前,农民的付出不能得到合理的回报,生产的积极性大受挫伤。独立之后,印度政府为了改变农村市场结构,促进农村经济的商品化,繁荣农业生产,1954年采纳全印农村信贷调查委员会的建议,有组织的建立了一批农产品销售合作社,逐渐建立完善的农村销售体系。全国层级的销售合作社联盟也纷纷建立起来,1956年筹建了全国合作发展和仓库董事会,1958年成立了印度国家销售合作社联盟,1963年3月成立全国合作发展公司,1967年成立了印度农民化肥合作社。

销售合作社实际上就是一些农户组织起来统一销售自己的农产品以希望能获得比自己单独销售能获得更多的收益,或者统一销售农用物资和生活消费品,以减少流通环节,让社员在购买时

---

① Indian Co-Operative Movementa-a statistical profile 2012,http://www.ncui.coop/pdf/Indian-Cooperative-Movement-a-Profile-2012.pdf

得到更优惠的价格。销售合作社的功能也在不断的发展和丰富,表现为合作社的种类不断增加,有的只经营单一的农产品或农用物资,有的则经营品种较多,经营范围较广。销售合作社可以向社员提供更多的服务,比如向社员传递国内外的市场信息,零售、批发价格,产品质量等,社员可以更具这些信息来确定未来的生产活动。销售合作社还通过建立完善的农产品收集、分级、加工、包装、储藏、运输和销售体系,让社员的劳动收益最大化,同时也让销售合作社本身获得更好地发展。

销售合作社在不同的邦有不同的组织结构,有些邦只有乡村一级初级销售合作社和邦一级的高级销售合作社两级结构;有些邦则包含村级初级销售合作社、邦级的销售合作社以及国家销售合作社联盟三级结构。有些邦则增加了地区级销售合作社,形成了村级初级销售合作社、邦级销售合作社、地区销售合作社以及国家销售合作社联盟四级结构。

初级销售合作社位置的选择对于其运营的成功与否至关重要,一般来说应根据商业的需求选择位于比较大的零售市场或者批发中心。初级合作社的职能主要包括对农产品进行收集、分类、包装,然后运输到市场进行销售;鼓励并指导社员生产标准化高质量的农产品;加工从社员或者其他合作社购买来的初级产品;给社员提供肥料、良种、农机和其他必要的设备等。印度的初级销售合作社的发展较快,在1999-2000年度达到最高数10165家,后来随着合并以及倒闭解散等原因,在2009-2010年度,印度各种类型的初级销售合作社下降到7202个,社员达到610万人,股份资本达到34.03亿卢比,其中政府占到了45.64%,营业总额达到830.80亿卢比,其中农产品的销售为

479.59亿卢比，农业必需品的销售为184.66亿卢比，生活消费品的销售为166.54亿卢比。在所有初级销售合作社中盈利的2778家，处于亏损的仍然达到2388家，雇佣38950人。[①]

地区级的销售合作社在印度只有少数的几个邦存在。其主要职责是在农产品销售、分配农用物资和其他必需品等方面协调初级销售合作社的工作。有时也要承担加工，以及化肥等农用物资的分派等任务。在1982年，印度一共有309个地区级的销售合作社，其中138个是甘蔗销售，3个属于棉花，16个属于水果和蔬菜，1个是椰子和槟榔，3个是烟草。2009－2010年度，印度一共拥有378家地区级销售合作社联盟，社员349.05万个，股份资本达到7.09亿卢比，其中政府所占的比例达到41.55%，营业总额达到294.55亿卢比，其中农产品的销售为199.24亿卢比，农业必需品的销售为74.59亿卢比，生活消费品的销售为20.71亿卢比。[②]

邦级销售合作社联盟是代表附属下级合作社会员的高级组织。他们的主要职责是批发或者独家分配该邦内控制性的钢、铁等物资，以及消费性货物如糖、水泥、化肥等。从事相关物资的加工，协调与其他销售合作社的关系，协助政府有关农业生产、销售等部门的工作等。2009－2010年度，印度一共拥有28家邦级销售合作社联盟，社员14.14万个，股份资本达到38.58亿卢比，其中政府所占的比例高达87.5%，营业总额达到2056.08

[①] Indian Co-Operative Movementa-a statistical profile 2012，http：//www.ncui.coop/pdf/Indian-Cooperative-Movement-a-Profile-2012.pdf

[②] Indian Co-Operative Movementa-a statistical profile 2012，http：//www.ncui.coop/pdf/Indian-Cooperative-Movement-a-Profile-2012.pdf

亿卢比,其中农产品的销售为1483.27亿卢比,农业必需品的销售为409.22亿卢比,生活消费品的销售为163.58亿卢比。①

印度国家销售合作社联盟是全国最高层次的销售合作社,成立于1958年,总部位于新德里。其主要职责是协调邦一级销售合作社的工作,给他们提供建议和技术性的指导,同时承担国内的相关贸易业务。

在销售合作社中一个非常成功的例子就是成立于1967年11月的印度农民化肥合作社,该合作社企业拥有5家地方工厂,社员从最初的57个,到2007—2008年度,已经发展到39564个,是目前印度也是亚洲最大的化肥合作公司。它主要通过化肥合作社的形式,致力于化肥的合作生产和销售,其旗下的化肥品牌在印度农民中享有较高声誉。在2007—2008年度,生产了684.7万吨肥料,销售了932.4万吨。实现营业收入1216.28卢比,税后利润达到了25.76亿卢比,上缴国家财政79.17亿卢比。印度农民化肥农业合作经济组织还生产生物肥料,2007—2008年度达到了415.16吨,销售的生物肥料达到了432.22吨。②

(四)加工合作社

印度是一个农业大国,湿热的气候有利于众多农业经济作物和粮食作物的生产,为了规避市场风险,提高农业效益,就需要

---

① Indian Co-Operative Movementa-a statistical profile 2012, http://www.ncui.coop/pdf/Indian-Cooperative-Movement-a-Profile-2012.pdf
② IFFCO at a Glance,印度农民肥料合作社(IFFCO):http://www.iffco.nic.in

把越来越多的农业经济作物和粮食作物进行加工，加工合作社正好承担了这一重要的角色。加工合作社的发展对于提高农村工业化水平，丰富人民生活，增加农村就业等都发挥了重要作用。农业合作社越来越多地从事农产品加工，在20世纪七八十年代已经成为一种趋势。需要加工的经济作物包括花生、茶叶、黄麻、甘蔗、棉花、烟草、咖啡等等，而粮食作物则包括大米、小麦等等。加工合作社充分利用农村低工资、低廉的厂房租赁和运输成本，以及靠近原材料产地等优势生产出价廉物非的商品，提供给农村和城市市场。加工合作社由于需要较多的前期投入，所以往往需要从信贷合作社获得资金上的支持，而在销售环节则可以充分利用销售合作社庞大地销售网络。

印度的加工合作社根据所在地粮食和经济作物的产量和分布而设立相应的合作社。由于政府的支持以及农民和农村本身发展的需要，印度加工合作社获得了快速的发展，尤其是蔗糖加工合作社的进展尤其引人注目。合作糖厂将甘蔗的种植、加工和销售合为一体，促进了农业产业化进程，大大增加了蔗农的收入。为了提高蔗糖的质量，合作糖厂还聘请专业技术人员指导蔗农的生产，根据不同的土壤条件选用不同的品种，指导科技施肥和用药等。由于措施得当，印度的制糖业取得突飞猛进的成效。据统计，1950年，合作糖厂只有一家，1970年发展到73家，1981年就达到149家，1984年更增加到165家，占全国糖厂的一半。这些合作糖厂总共由1.6万个甘蔗合作社联合建成，产量318.8万吨，占全国糖厂产量的53.9%[1]。1990－1991年度，全印有

---

[1] *New India Times*, Indian newspaper, December 19th, 1985.

220家合作糖厂,其产量占全国蔗糖生产总量的60.4%。[1] 到2010-2011年度,合作糖厂增加到319家,社员592.7万个,其中种植甘蔗的农户社员占到了90.62%,股份资本达到422.45亿卢比,种植农户占到40.59%,政府占比则高达53.85%,其他只占到了5.56%,生产蔗糖1000.856万吨,占全国糖产量的44.5%。[2]

印度的合作纺纱厂在加工合作社中也具有一定的影响,在农村经济中发挥了较大作用,对促进农民就业尤其是农村广大妇女的就业效果非常显著。2008-2009年度,印度一共有172家合作纺纱厂,社员28.35万个,其中棉农23.49万个,占总数的82.85%,实缴股本81.56亿卢比,政府所占比重高达89.48%。[3]

除此之外,2010-2011年度,印度还有大米加工合作社608个,食用油加工合作社146个,蔬菜和水果加工合作社62个,茶叶加工合作社23个,咖啡加工合作社6个,腰果加工合作社11个,橡胶加工合作社31个,可可加工合作社6个,椰子加工合作社6个。[4]

(五)综合合作社

综合合作社是生产同类农产品的农户为了解决产前、产中和

---

[1] 林承节:《独立后的印度史》,北京大学出版社,2005年版,第585页。
[2] Indian Co-Operative Movementa-a statistical profile 2012, http://www.ncui.coop/pdf/Indian-Cooperative-Movement-a-Profile-2012.pdf
[3] 同上。
[4] 同上。

产后所出现的交易问题而组织起来的一种农业合作经济组织,它是在农业合作经济组织发展过程中,业务链和产业链不断延伸的必然结果。该组织的社员一般为生产同类农产品的农户,它们不仅需要解决产后的农产品的市场流通问题,而且还要解决产前的农业生产资料的采购问题和产中的各农户间的换工和协作问题等。奶业合作社就是一种成长中的综合性农业合作经济组织。

20世纪40年代,印度的牛奶业被波尔森斯公司和其他一些中间商所控制,波尔森斯公司向孟买等城市供应牛奶,而中间商则到村庄里以很低的价格从奶农手中收购牛奶,波尔森斯公司和其他中间商都获得了丰厚的利润。奶农们在奶牛的饲养和管理上投入了大量的资金和劳动,然而,他们却只得到了孟买牛奶消费者卢比的最少的一部分,这种制度安排使所有人受益,除了奶农。[1] 奶农由于遭受牛奶公司和中间商的双重盘剥,几乎得不到任何利润。投入和回报不成比例,大大挫伤了奶农的生产积极性。为了改变自己在牛奶利润分配中的不公平地位,古吉拉特邦凯拉区的奶农在1946年组织起来,建立奶业合作社,甩掉波尔森斯牛奶公司和中间商,直接向孟买市场供应牛奶。邻近的村庄也纷纷仿效凯拉奶业合作社的做法,类似的奶业合作社如雨后春笋般在古吉拉特邦建立起来。[2] 1964年10月,时任印度总理的夏斯特里在古吉拉特的一个村庄参观了解亚兰德地区奶业合作社的情况,并出席一个现代化奶牛养殖场的开幕式。奶业合作社的

---

[1] "Cooperatives: Cause & Effect" http://www.indiadairy.com/ind_profile_factsheet.htm
[2] 《最高产量下的最大就业和扶贫工程——印度:"让牛奶流成河"》,《人民日报》2006年1月10日第七版。

奶农向他介绍了农业合作经济组织的具体运作模式以及这种模式对牛奶生产的促进作用。奶业合作社率先以村为单位把奶农组织起来建立协会，然后以协会建立地区农业合作经济组织联合会，该联合会在本地区设有一家乳制品加工厂，它的发展日益壮大。相比之下，印度中央政府耗资 114 亿卢比推行的动物养殖和发展奶业项目却收效甚微。夏斯特里总理认识到了农业合作经济组织的重要性，并且决定通过这种方式发展全国的奶业，在全国推行亚兰德的农业合作经济组织经营模式。

迄今为止，印度已经建立了 22 个邦级销售联盟，170 个区级合作联合会，12.25 万个村级奶业合作社，1296 万个奶农社员。[①] 奶业合作社组织控制了印度全国液态奶的大部分市场份额。经过数年的努力，奶业合作社创造的品牌几乎是高品质和高附加值的代名词。诸如 Amul、Vijaya、Verka、Saras、Nandini、Milma 和 Gokul 等品牌颇受消费者青睐。

印度的奶业合作社能够建立并得到如此迅速地发展，这既经济上的诱因，也有政府支持和引导的因素。从经济因素上说，这种模式可以有效地帮助处于弱势地位的奶农应对市场经济的挑战，增强社员适应市场竞争的能力，有效地规避和分担生产和市场风险，从而达到稳定生产、稳定经营，并获得稳定收益。奶业合作社还得到政府的大力支持和引导，这为奶业合作社的迅速发展提供了重要的外部环境保障。当然，这种农业合作经济组织模式在组织体系和运营机制上的成功为奶业合作社的迅速发展提供了重要的内部机制保障。

---

① http://www.nddb.org

印度的奶业合作社实行三级组织体系。最基层的单位是村级农业合作经济组织，这是一个村的奶农自愿组成的协会。协会的基层单位是村级农业合作经济组织，每个村级农业合作经济组织每年至少要卖给协会1万公升牛奶。在社员大会上，通过选举组成管理委员会，管理委员会制定村级农业合作经济组织的政策以管理和牛奶相关的日常事务。农业合作经济组织的各项决策由成员共同表决，每位成员一个表决权，表决权的分配不受资本额和利润的影响，不管成员是盈利还是亏损，在成员中平均分配。在村级农业合作经济组织的基础上成立地区合作社联合会，村级合作社的主任选举联合会的理事委员会，理事委员会在地区层次上进行政策上的宏观规划并对联合会的一些设施进行日常管理。地区的合作社联合会设立一个管理委员会对联合会进行专业化管理，管理委员会对由选举产生的主任和理事委员会负责。一个邦内的地区奶业合作社联合会组成了一个邦级合作社联盟，负责销售地区联合会成员的液态牛奶和奶制品。印度的各级奶业合作社之间并没有组织上的隶属关系，上一级合作社建立的目的是能很好地为下级合作社服务，奶农们对各级奶业合作社的民主管理使这种服务的性质得到了保证。

印度奶业合作社实行的三级组织体系把牛奶生产的产前、产中和产后的各个环节联系在一起，即奶农控制着牛奶的生产、牛奶和奶制品加工以及牛奶销售的三个层次的所有环节，这是印度奶业合作社最大的一个特点，是运营机制上的创新。首先，广大奶农分散进行牛奶生产，村级合作社每天早晚各一次用卡车到各个村社收集牛奶，每个村社配备一台测量牛奶质量的电子设备以及量奶的设备，每天谁来卖牛奶，卖多少牛奶都有登记。牛奶的收集、脂肪含量的检测、饲料的销售等都由合作社中的专业雇员来完成。每个奶农的牛奶都要测量脂肪比例,并根据牛奶的质量按相应的价格付给奶农。通常,早上卖的牛奶下午便可以拿到钱,而下午卖的则要等到第二天早上。村级农业合作经济组织将及时收集的牛奶送到地区合作社联合会的冷冻厂和奶制品厂加工后进入市场销售。在产奶的旺季,加工厂就将季节性过剩的液态牛奶加工成奶粉和其他奶制品。各个地区合作社联合会将其加工处理后的液态奶和其他奶制品交由邦级联盟以统一的品牌进行销售。

在这种运营机制下,奶农们在牛奶的收入上不断地增加。之所以如此,是因为在合作社的帮助下他们的收益不断增加了,而奶牛饲养的成本却逐渐下降了。一方面,奶农在加入合作社以后就可以得到一个有保障的稳定的价格,尤其是在牛奶生产的旺季。据统计,在合作社建立以前,中间商在产奶的旺季给予奶农们的价格往往只有淡季的60%,而在加入合作社以后,这种比例达到了80%。[1] 收集的牛奶除了以液态的形式直接销售外,合作社还把剩余的牛奶加工成各种奶制品以增加附加值和延缓上货架的时间。合作社雇佣的专业管理人员通过各种措施来保证能获得最大的效益,合作社将这些收益再分配给奶农作为一种辅助性收入。一般是提留40%用于扩大再生产,其余60%返还给生产者,一部分作为奶农股份和交售奶量的红利,另一部分用于补贴各种免费和优惠的社会化服务。[2]

---

[1] B. M. Vyas: "Institutional structure to susatain smallholder dairy marketing the Amul model", http://www.ilri.cgiar.org.
[2] 周俊玲:《印度奶业的发展经验与启示》,《世界农业》,2003年第12期。

另一方面，农业合作经济组织还向奶农提供了各种服务，比如动物疾病的预防和治疗，提高奶农技术和相关知识，从而保证了牲畜的健康，提高了奶牛的产奶率和牛奶质量。在饲料的供给上，合作社也提供了重要的服务。牛奶生产中大量的现金支出是用来购买奶牛的饲料，如油籽饼、棉籽饼等，合作社拥有和经营的饲养场就能以低于传统饲料40%的价格提供营养均衡的奶牛饲料，这样用在饲料上的支出就大幅减少了。

第三节 印度农业合作经济组织的发展趋势

（一）农业合作经济组织经营的综合化，规模的大型化

农业合作经济组织为提高自己的竞争实力，首先就是通过合并、联合等各种方式，提高效率水平，扩大经营规模，增强实力，以利于降低成本，获取更多的市场机会，实现稳定的规模经济，在激烈的市场竞争获得有利的地位。这一变化在世界各国是带有普遍性的。农业合作经济组织的业务已不仅限于生产资料的供应和农产品的销售，而是扩大到从"田间到餐桌"的一系列业务。农业合作经济组织的发展表现为横向联合和纵向联合，这种趋势使得农业合作经济组织的规模不断扩大，农工商之间配合更加密切，可以顺利完成从生产到消费整个过程。横向联合主要是同质或类似的合作社之间的合并与联合，这有利于降低成本，扩

大经营规模。而纵向联合,合作社则可以通过完善生产、加工、储存、运输、销售等各个环节,实现一体化服务。这种纵向一体化增加了附加值,可以赚取更多的利润,而且随着产业链条的延伸和加长,还可以安置更多人就业。所以,农工商一体化已成为各国农业合作经济组织发展的一种共同趋势。

印度的农业合作经济组织在发展的过程中也体现了这种趋势。一个典型的例子就是古吉拉特邦牛奶销售合作社联盟,即Amul奶业合作社。Amul奶业合作社成立于1946年,最初只有两个村庄的奶农社员、247升牛奶,成立的目的就是希望通过合作,避免牛奶公司和中间商的盘剥而直接向孟买供应牛奶,让奶农获得较高收益。经过半个多世纪的发展,Amul奶业合作社已发展成为一个大型的农业合作经济组织,目前在印度古吉拉特邦12340个村庄拥有290万个社员。其产业链已经从奶农生产牛奶一直延伸到奶产品加工和销售,Amul奶业合作社作为印度家喻户晓奶制品品牌,旗下拥有牛奶、黄油、乳酪、冰淇淋、奶粉、乳饮料等数十种产品,深受广大消费者信赖和欢迎,除在印度奶制品市场占有接近30%的市场份额外,其产品还销往非洲、澳大利亚、日本、越南、柬埔寨等十几个国家和地区。2005—2006年度,Amul奶业合作社的销售额达到6亿美元,牛奶收购量居亚洲之首。[①] Amul奶业合作社在一体化过程中涉及生产到销售等很多环节,因此,这众多的环节就能为社员提供大量的就业机会。

---

① 侯燕俐:"Amul:抗衡雀巢的印度味道",http://finance.sina.com.cn/chanjing/b/20080624/21395018784.shtml

（二）农业合作经济组织企业的管理采用公司化治理结构

合作运动诞生一个多世纪以来，世界及各国的制度环境和经济水平发生了巨大的变化，合作制度成为许多国家发展经济、稳定社会的一个重要经济工具，合作运动的经济性特征变得更加明显。农业合作经济组织由自我服务为主的一个传统的自助性组织逐步走向企业化、股份化和集团化，经营服务更加开放。在这样一个过程中，现代农业合作经济组织逐渐按照现代企业制度和民主原则进行管理，这种现代企业制度要求将所有者和经营者、管理者的权力分开，通过聘请专业化的管理人员实现专业化管理，这既有利于保障社员的地位，保障合作的经营方向，并且在不改变农业合作经济组织本质的基础上，又有利于提高其经营管理水平、市场竞争能力和效率。印度的很多奶业合作社都体现了这一发展趋势，比如 Amul 奶业合作社，自 1946 年成立以后，随着经营规模的扩大，Amul 奶业合作社在民主控制的基础上实行了专门的管理人制度。在古吉拉特邦，奶业合作社按照一人一票的民主管理方式，共同选举产生合作社的管理委员会和主任，主任组成地区奶业合作社理事会，理事会选举产生理事会主任，并聘用专业人员管理地区奶业合作社，包括牛奶的营销和质量监管等，由于大多数社员对合作社相关知识的缺失，社员大会的功能并没有得到完全的发挥，而专业管理人员在合作社中发挥的的作用和影响却越来越大。

（三）农业合作经济组织发展的国际化

在全球经济一体化进程中，各个国家和地区的农业合作经济组织受到了有史以来最激烈的市场竞争的挑战。日益强大的市场压力及来自国内具有资金和规模优势的其他企业，还来自国外具有资金和技术优势的跨国公司，面对这些挑战，一些经营不善的农业合作经济组织关门倒闭；而其他农业合作经济组织则主动或者被动地进行组织结构的调整，加强自身的改革，寻求更好地服务社员的新途径，在扩大国内经营规模的同时，在经济全球化、自由化的新环境下，加强国际合作，走国际化发展之路。为了促进农业合作经济组织的国家化发展，印度全国合作社联盟就明确提出要加强与国际合作社联盟、联合国粮食与农业组织、国际劳工组织以及其他与合作社相关的国际组织之间的有效合作；在国际上，印度全国合作社联盟向国内的各农业合作经济组织提供必要的市场信息，促进他们与国外相关合作经济组织的联系，扩大国际市场。印度农业合作经济组织在全国合作社联盟的支持和帮助下通过两个方面的措施来迎接国际化的挑战。一方面改善农业合作经济组织的经营业务，按照国际市场的标准和要求，严格把控产品质量，提高卫生、防疫、农药检测标准，为走出国门，参与国际竞争做好产品保证。另一方面是改善农业合作经济组织的组织结构，成立国际合作专门机构，以加强与国内外农业合作经济组织、与国内外公司企业的合作，形成农业合作经济组织的集体力量，实现规模经济，获得国外市场的销售渠道和市场准入，了解和把握国际市场信息，不断开拓国际市场。

第五章 印度农业合作经济组织的内部组织体系和运营机制

本章对印度农业合作经济组织的内部组织体系与运营机制进行分析和研究,以探寻其成功的内部因素。内容主要包括四个部分,主要介绍印度农业合作经济组织的法律规定,成员的加入与退出,组织结构和内部产权结构以及决策机制,财务管理及收益分配机制,监督约束机制和激励机制等。

第一节 印度农业合作经济组织的法律规定

(一) 相关法律的历史考察

完善的法律体系为农业合作经济组织生存发展创造了良好的制度环境,也规范农业合作经济组织的微观行为,方便组织和管理,帮助组织者制定必要的规则,开展集体活动,避免各成员之间或成员和组织之间的各种矛盾。这样农业合作经济组织才能发展壮大，惠及社员，才能有效地促进社会经济发展。印度是一个具有较为完备的法律体系的国家，在合作经济组织立法上起步较早，1904年就颁布了《印度信贷合作社法》。这项法案在当时具有很高的国际影响。该法案首先在印度作为实验性立法进行测试，接着在南亚其他地区（如斯里兰卡）予以应用，20世纪30年代在非洲广为传播，在第二次世界大战后，这部法案作为典范条例被举荐给所有英联邦国家。这部法案还影响了1955年法属殖民地合作社法令。作为一个典范，它甚至几乎成为了一个全球性法律。法案规定：任何生活在同一个村庄或城镇，或者同属一个阶级或阶层的10人可注册组成一个合作社，以鼓励社员之间在自助基础上的信贷。其主要目的是通过吸纳社员和非社员的存款，以及向政府和其他信贷合作社贷款来筹集资金，然后将这些资金发放给社员，或者经登记处的特许而发放给其他的信贷合作社。① 这一法案对信贷合作社的成立及其成立的目的等都做了规定和说明，并在法律上承认了信贷合作社的法人地位。1912年，政府又通过第二个《合作社法》，该法案把合作社的范围扩展到了其他经济领域，规定城乡除了信贷合作社领域之外，还可以建立生产、销售、消费、住宅等各种类型的合作社。为了管理那些成员不是来自同一个邦的合作社，1942年通过了跨区域的合作社法。这部法律在1984年被废止了，取代它的是跨邦合作社法。到了20世纪90年代，认识到合作社自我管理、独立的重要性，

---

① P. C. Bansil, *Economic Problems of Indian Agriculture*, Oxford & Ibh Publishing Co. New Delhi. P61.

印度政府任命一个专家委员会起草一个更加符合现代要求的合作社法。起草后的草案在经过各邦充分考虑,并听取他们的意见和建议后,一部体现了现代合作社精神和原则的《跨邦合作社法》在2002正式通过。目前,该法案是规范印度农业合作经济组织的主要依据。2002年的合作社法对农业合作经济组织的登记注册,资金来源,原则,成员的职责、权利和义务,农业合作经济组织经理的选举,管理委员会的权利和职责,农业合作经济组织的管理等都做了较为详细的规定。该法案还赋予了农业合作经济组织很多的特权,以使它们能更有效的发挥作用。

除了联邦政府制定的法律以外,在1919年合作社法的鼓励下,许多邦都有自己的合作社法,比如孟买在1925年就制定了《孟买合作社法》;马特拉斯在1932年也制定了自己的合作社法。随着经济发展,社会变化,中央政府不仅多次修订国家相关法律,还支持各邦政府修订相关立法,使之与联邦法律相适应,以有利于制定全国性的统一政策,促进农业合作经济组织的改革;这些法案经过几十年的发展,条款都发生了很大的变化,在具体问题上也存在差别,不过它们大体还是有一些共同的原则,可以称之为"合作社原则",主要包括:在不违背联邦宪法和邦政策所设定的公共道德、规范和相关指导性原则的前提下,为了提升社员的共同旨趣或者共同经济利益设立;规范和限制营利目的;促进节俭、互惠和自助;社员资格基于自愿原则;社团的章程符合民主原则。[①] 除了专门的合作社方面的法律外,印度还有一系

---

① 贾西津,《印度非营利组织及其法律制度环境考察报告》,《学会》,2007年第4期。

列关于各种非营利组织的法律,如《社团登记法》、《印度公司法》、《工会法》等,尤为重要的是,随着合作社法的修订,1956年制定的《公司法》在2003年也进行了修订,为那些可以注册为生产公司的合作社提供一种可供选择的法律结构。根据公司法,农业合作经济组织可以注册为生产者联合公司。生产者联合公司的立法为新一代农业合作经济组织注册成为公司提供了法律依据,这为农业合作经济组织在市场中与数量不断增长的个体经营者竞争创造了一个公平的条件。2012年1月经过97次修订后的联邦宪法也把组织合作社作为印度公民的一项基本权利,并要进一步保障合作社自愿、自治、民主控制和专业化管理等基本原则。为合作社的发展提供一个有利的环境,强有力的法律架构,避免受到政治和官员们一些不必要的干预,保护和促进合作社的发展。[①] 这些法律的颁布、修订和完善对于规范印度农业合作经济组织的发展起到了重要的作用。

(二) 印度农业合作经济组织设立条件和程序

根据2002年的《跨邦合作社法》,印度对涉及两个以上邦的跨邦社的成立有了严格的规定。在印度要申请注册成为跨邦的农业合作经济组织,其成员必须要包含两个以上的邦,每个邦至少五十名成员参加。

设立的程序一般应该首先向中央注册官员提出注册申请,申

---

① Govindaraj Veerakumaran, "India", International Handbook of Cooperative Law 2013, pp 449—465.

请必须要满足上述的设立条件。该申请应符合本法案的规定和条款。提出申请的社团其宗旨必须是服务于一个以上的邦,其章程必须包括合作的基本原则,通过自助和互助促进社会经济的发展,拟议的章程不能违反 2002 年法案的规定,如果满足了这些条件和要求并征得中央注册官员的同意后,合作经济组织就算正式登记注册,中央注册官员将颁发由其署名的注册证明书,表明本合作经济组织合法。农业合作经济组织可以通过章程修正案修改名称,但是不能影响该合作经济组织及其成员的权利和义务,若要修改名字,中央注册官员需要输入其新名字和修改注册证书。每一个农业合作经济组织必须在其办事处显眼的位置张贴该组织的名称和地址,必须将名称刻印在图章上,必须将注册办事处的名称和地址印在所有的商业信件、空白单据、信纸、通知和其他正式出版物以及所有汇票、本票、背书、支票及订单或商品上。[①]

农业合作经济组织必须符合 2002 年的《跨邦合作社法》的规定,并按照其具体要求,才能通过该组织的章程修订案,改变其责任的范围。如果合作经济组织通过决议修改其责任范围,那么应该向其所有成员和债权人发出通知,任何成员或债权人可以在一个月内视情况,选择退出其股份或存款,章程的修改若要改变其责任范围必须要获得所有的成员和债权人同意。任何成员或债权人在一个月时间内没有作出选择,则被视为同意相关章程的修订。

农业合作经济组织的资产要进行合并、转让和分配,包括转

---

① The Multi-State Cooperative Societies Act,2002

让其全部或部分资产或者债务到其他农业合作经济组织。把原来的农业合作经济组织拆分为两个或两个以上的农业合作经济组织，都必须要不少于三分之二的成员投票赞成通过。必须给所有的成员和债权人发出通知。如果一个农业合作经济组织的成员少于注册时基本的人数要求即 50 个，或在注册之日起的 6 个月期间内，或在中央注册官员允许延长的期间内，农业合作经济组织还未开始工作或长期停止运行，对此如果没有合理的解释，中央注册官员就可以签署注销的命令。如果社员大会中有三分之二的成员通过决议，农业合作经济组织也可以停止自己的活动。

（三）印度农业合作经济组织的法律地位

制定合作经济组织的相关法律可为合作经济组织开展活动提供法律框架。如果国家不承认合作经济组织是法律实体，那么由以在交易中获利为目的个人所组成的合作经济组织在与第三方交易时就没有法律地位。由于不是法律实体，任何与第三方签订的合同必须是由该组织中的单个成员或多个成员签订。随着业务复杂程度的增加，这种做法会变得异常累赘，还会阻碍交易。而且，如果没有立法和法律框架，每个农业合作经济组织必须自己决定其成员彼此间的关系和组织的管理结构。虽然依照法律建立的组织同样需要做出这样的组织决定，但他们可以在法律提供的普遍基本框架之内做出这样的决定。

印度的合作社法规定了所有注册农业合作经济组织都属于法人团体，独立于其成员，拥有统一的权利和义务。农业合作经济组织作为经济单位，可以根据自己的目标依法选择不同的组织形式。农业合作经济组织法人和法人团体可以组织或参加农业合作经济组织，但是这些"团体成员"不能超过一票。

第二节 印度农业合作经济组织成员的加入与退出

（一）加入的资格认定

一般就国际上的通行惯例而言，初级农业合作经济组织的成员由自然人构成（如农民个人）。但只要农业合作经济组织章程允许，基层法人团体也可以加入初级农业合作经济组织，它可以拥有一票，或者可以多票，但票数十分有限。这意味着组成公司或生产集体的农民团体可以加入农业合作经济组织，因此，农民可以直接入社，也可以通过公司、生产集体或其他实体入社。其他"集体成员"可以是当地企业、非政府组织甚至地方政府，但都必须遵守统一规则：一员一票。

在印度，2002年的《跨邦合作社法》规定，有能力签订合同的个人，任何其他的农业合作经济组织，中央政府，各邦政府，根据1962年国家合作社发展公司法案成立国家合作社发展公司，或其他任何形式的政府所有或政府控制的公司，1965年在公司法中规定的其他政府形式的公司都可以成为农业合作经济组织的成员。而全国性的合作社联盟则只能由各邦或地区级的合作经济组织作为集体才能参加，任何个人是没有资格参加的。在申请加入农业合作经济组织时，每一份准入申请都会在收到申请后的 4 个月内处理。自得出处理决定后的 15 日内通知申请者。如果申请在 4 个月内没有得到处理，或在 15 日之内没有向申请者发出通知，那么就认定农业合作经济组织已经拒绝了该申请者的申请。每一位成员都有义务和责任去促进和保护合作社的利益和目标的实现。如果即使某一个农业合作经济组织的章程允许准社员的存在，这种准社员也是没有权利享受分红和其他利益，并且也没有选举、被选举和投票的权利。[①]

在印度，不同的农业合作经济组织其准入条件是不一样的。奶业合作社就是一个很好的例子，只要购买一个入门股份或交纳一定的会费并承诺把牛奶卖给协会，任何一户奶农都能成为村级奶业合作社的社员。比如在在哈里亚纳邦，有 600 个村庄的 2.6 万个奶农为合作社生产牛奶。每个农民要加入合作社，需要一次性缴纳 105 卢比的会费，在 200 天内卖给合作社 180 公升牛奶，即可享受防疫和配种等方面的服务。[②] 而在古吉拉特邦，任何农户则只需要拥有 1 头奶牛，缴纳 11 卢比（10 卢比作为股金，1 卢比作为管理费）后都可以成为合作社的社员。如果有农民想成为北方邦合作糖厂的社员就需要缴纳 1000 卢比的会费。每一个社员除了支付规定的固定监管费外，还应当支付给联盟前一个季节糖厂生产数量相对应的一定比例的费用。每年的比率都是由联盟的管理委员会作决定，并不断进行修改。假如一个成员应当每年最少支付的费用为 1000 卢比，那么最高金额的总数则由产量来决定。

---

① The Multi-State Cooperative Societies Act, 2002
② "通讯：印度农村的牛奶生产者协会"，新华网，2006 年 2 月 19 日。

(二) 成员的退出

在农业合作经济组织中，如果社员的经营活动与该农业合作经济组织的经营活动产生矛盾、冲突或者竞争，社员与农业合作经济组织的交易量连续两年低于规定的最低水平，连续三次没有参加社员大会而且没有得到社员大会代表们的谅解，在支付款项时违反了农业合作经济组织的章程，未能履行其他相应的责任和义务，这样的社员将被解除社员的资格。

在农业合作经济组织社员大会上，不少于三分之二的现有成员通过投票的方式通过决议，可以把那些不利于农业合作经济组织开展工作，不利于农业合作经济组织未来发展的社员驱逐出组织。开除社员前一般要给其一个陈述的机会，如果能够进行合理的解释，还可以继续保留其社员的资格。社员在被开除一年之内不允许重新申请再次加入。[①]

(三) 权利和义务的规定

作为农业合作经济组织的组成单元，社员是一个权利和义务的集合体。社员向农业合作经济组织付了应该支付的款项后就有资格享有各种权利。这种权利包括每一个农业合作经济组织都义务为其社员、主管和雇员组织教育、培训，并且要为教育、培训计划提供基金。社员有权利接受这样的教育和培训，而为了让管

---

① The Multi-State Cooperative Societies Act，2002

理者和雇员能更好地为农业合作经济组织,为广大社员服务,因此对他们进行教育和培训也是非常必要的。每一个社员,包括那些担任雇员的社员都有投票的权利。但投票时社员必须亲自到场,没有人能够代理别人行使投票的权利;在印度的奶业合作社中,奶农通过缴纳会费成为社员之后,社员就享有合作社提供的各种服务的权利,比如组织技术人员下乡,向社员奶农普及养牛技术,规范挤奶操作程序,提高产奶量和产奶质量,引进、培育优良的奶牛品种等。社员在享有权利的同时,也应该履行相应的义务。对于奶业合作社的社员来说,他们也就有义务根据合作社的规程按时、按质、按量地提供优质的牛奶,并且遵守合作社的各种制度。

第三节 印度农业合作经济组织的组织结构和内部产权结构

(一) 印度农业合作经济组织的组织结构

印度的农业合作经济组织是一个塔状的垂直等级结构,一般分为四级,有的也分为三级。即村级基层合作社、地区合作社、邦合作社联社和全国性的合作社联盟四个层次,有的没有全国性的合作社联盟因而只有三个层次。印度的各级农业合作经济组织之间并没有组织上的隶属关系,上一级组织建立的目的是能更好地为下级组织服务,引导下级组织更好地发展。具体而言,印度的合作销售系统就是一个塔状的垂直等级结构。目前一般分为四级,分别是初级销售合作社、县级销售合作社或叫中心销售合作社、邦级合作社联合会和印度国家销售合作社联盟。初级销售合作社是一些初级批发销售市场。县级销售合作社不是所有的邦都存在这种形式,有的邦只有邦一级和初级销售合作社两种结构,邦合作社联合会是比较高一级的合作社销售组织,印度国家销售合作社联盟是1958年建立的一个协调邦际销售活动的机构。而印度的信贷合作社的组织结构则分为长期和中短期两类,负责长期贷款的是土地开发银行。而印度中短期信贷合作机构则呈现三级结构状态,即分为邦合作银行、县中心合作银行以及初级信贷合作社;中心合作银行则是设在县一级的中间合作社。邦合作银行,是三级中短期信贷合作机构的最高一层组织。

(二)印度农业合作经济组织的内部产权结构

根据对世界合作理论的考察,合作经济组织的经济分析大体经历了两个阶段,20世纪70年代中期以前主要是运用新古典经济学的理论与方法,70年代中期以来则转向应用制度经济学的最新研究成果分析合作经济组织的制度结构和制度安排。[1] 而农业合作经济组织的产权结构是制度结构中的重要部分,根据印度相关法律和各个农业合作经济组织制定的章程,农业合作经济组织的资金来源主要包括社员入社时缴纳的会费、社员股金、个人的捐赠、社员缴纳的监管费用、经济援助包括政府的补贴以及服

---

[1] 苑鹏,《现代合作社理论研究的发展》,《农村经营管理》,2005年第4期。

务、销售或者投资的收益。在这其中除了社员股金和农业合作经济组织服务、销售或者投资的收益按比例返还给社员之外，其他资金就作为累计储备金留存下来，因此印度农业合作经济组织的内部产权结构就主要包括社员股金和累积储备金两部分。

1. 社员股金

农业合作经济组织的运作需要一定的资金作为基础，交纳股金就成为了资金的重要来源。股金可以由邦政府、社员和其他机构或个人交纳。1954年，各邦政府开始向农业合作经济组织参股，政府参股加速了农业合作经济组织原始积累，也促进了农业合作经济组织运动的深入开展。时至今日，政府股金仍在农业合作经济组织股金总额中占有很大的比重。比如印度邦级销售合作社联社的股份就主要由邦政府认缴，1977-1978年度，邦级合作社联社的股金为5.4亿卢比，其中邦政府的股份就有5亿卢比，占其全部股金的90%以上。到2009-2010年度，印度一共拥有的28家邦级销售合作社联盟，股金已达到38.58亿卢比，其中政府所占的比例仍高达87.5%。[①] 社员加入农业合作经济组织时一般都要按照与农业合作经济组织的预期交易量多少交纳股金，为了避免股金在社员中间产生过大的差距，造成少数人控制农业合作经济组织股份的局面。印度的合作社法对每位社员股金的拥有量进行了限制。每个社员所缴纳的股金不能超过所有股金的20%。股金一般不参与盈余的分配，但每年可根据全体大会的决定支付一定的利息，利息一般低于同期活期银行利率，因而股金

---

① Indian Co-Operative Movementa-a statistical profile 2012, http://www.ncui.coop/pdf/Indian-Cooperative-Movement-a-Profile-2012.pdf

的收益与农业合作经济组织的经营状况是没有关系的。如果农业合作经济组织的种植面积或产量发生变化,面积或者产量增加时就需要补交股金,减少时则维持不变。股金属于社员个人所有,入社时投入,退社时退出。

2. 累积储备金

在印度农业合作经济组织的资金来源中,社员入社时缴纳的会费、个人的捐赠、社员缴纳的监管费用、经济援助包括政府的补贴,以及农业合作经济组织从事服务、销售或者投资的收益按比例返还给社员之后的盈余等都作为累计储备金留存下来,累积储备金是农业合作经济组织不可分割的集体资产。它对于维持农业合作经济组织运转、进行再投资以及组织社会活动都具有重要的作用。累积储备金之所以必须留存下来,是由于农业合作经济组织制度的一系列缺陷所造成的。参加初级农业合作经济组织的是普通的自然人,能够投入到农业合作经济组织的资金非常有限,对于印度农民来说,这一特征尤其明显。此外,为了公平的考量,避免大户对合作经济组织的操纵,每个社员入股的数量受到了较为严格的限制,这些都造成资金上的困顿,在一定程度上妨碍了农业合作经济组织发展规模的进一步扩大,不利于更多相关经营活动的开展;一方面合作经济组织的资金本身并不富足,但另一方面,由于"门户开放、自愿进出"的基本原则的存在,社员可以根据自己的实际需要随时退出,并要求返还股金,所以这会引起农业合作经济组织并不富足的资金的流失,而相关管理和经营活动的开展需要稳定的资金需求,如果资金转移较大,农业合作经济组织甚至面临解体的风险。这是由于农业合作经济组织的制度困境所造成的。因此,从盈利中扣除各种必要开支之后，把剩余作为储备金留存下来是农业合作经济组织产权制度的重要组成部分。这部分资金是产权属于农业合作经济组织的集体资产，即使社员退出时也不能进行分割，这笔在内部逐渐积累起来，产权独立的资金扩大了农业合作经济组织可支配的资源，是农业合作经济组织未来发展壮大的重要保障和必要前提。

第四节　印度农业合作经济组织的运营机制

（一）决策机制

农业合作经济组织是由社员管理的民主组织，建立科学合理的决策机制对于农业合作经济组织的民主控制，保持其本质特性具有决定性的意义。良好的决策机制体现在社员对农业合作经济组织的民主控制上，体现在社员对重要事项的治理上，体现在方针和重大事项决策的参与上。社员民主管理的权利是通过社员大会体现出来的，农业合作经济组织的方针政策、重大决定和重要活动都要经过社员大会讨论决定。农业合作经济组织内部的重大的决策包括董事会的选举，农业合作经济组织的兼并和拆分、盈余的分配，重大资产处置，组织章程、规章制度的批准、修改等等。而农业合作经济组织的重大决策无不是以投票的方式来进行的。因此，民主控制等合作原则在农业合作经济组织的决策机制中发挥了重要作用。

印度的合作运动所遵循合作原则仍基本参照国际合作社联盟

所制定的合作原则。主要体现为印度农业合作经济组织仍坚持一人一票的民主核心原则，在基层社组建联合社时，也基本上坚持一社一票。在跨邦合作社内部，其决策则根据内容的不同而有不同的方式。社员大会作为最高权力机构，每年举行一次会议，会议必须在合作社年度结束之后的 6 个月之内召开，由董事会召集。社员大会的职责主要包括：讨论和审议年度报告，讨论和审议年度账目，年度利润的分配，审议特殊贮备和其他基金的使用，批准年度预算，审议长期发展计划和年度运行计划，会员的开除，合作社章程的修改、董事会成员的选举，董事会成员和其他官员行为守则的制定等等。

每一个跨邦的合作社都需要成立一个董事会，董事会成员由社员大会以无记名投票的方式选举产生，成员不能超过 21 个，董事会成员的任期不能超过 5 年。如果社员大会未能在董事会的召集下按时选出新一届董事会，中央登记官员则必须在上次选举后 90 内召集新的选举，选出新的董事会。只有跨邦合作社的社员才有资格竞选董事会成员职位。成员如果做出有损合作社利益的事情，社员大会三分之二以上通过投票则可以罢免其会员资格。中央政府和州政府可以根据认缴的合作社股份的不同而提名不同数目的董事会成员，认缴股金比例少于总股本的 26%，可以提名一名成员，多于 26% 而少于 51% 则可以提名 2 名成员，股金比例高于 51%，则可以提名 3 名成员。政府提名的成员不能超过总成员的三分之一。董事会的主要职能和权利包括：批准会员的加入，解释社员大会制定的目标并设立更加具体的目标，对合作社的运作进行周期性的评估，总经理和其他雇员的任免，制定雇员的聘用要求包括工资和福利标准，起草年度报告、年度财务和预算报告，批准补充性的预算报告等等。董事会会议根据董事长的提议由总经理负责召集，会议每个季度至少召开一次。[①]

（二）财务管理及收益分配机制

农业合作经济组织的分配制度是由其产权结构决定的。由于农业合作经济组织产权结构具有多种形式，因此收益的分配也体现为多种不同的方式。农业合作经济组织的收益分配一般包括三个方面的内容，一是盈余分配。它是按照社员与农业合作经济组织的交易额进行分配，从根本上讲，农业合作经济组织没有盈余，因为它不是营利企业。农业合作经济组织的盈余不是利润，而是在为社员服务的过程中，向社员多收取了费用或少支付了款项，以便保证农业合作经济组织运行的一个安全空间。因此，农业合作经济组织盈余的分配应当按照其产生的来源、途径进行分配，即把在农业合作经济组织经营过程中多收取社员的再按照收取的比例也即交易额分摊给社员。[②] 印度的农业合作经济组织在盈余的分配上一般也遵循这一原则。盈余分配一般是在财政年度末，董事会在全体社员大会上就扣除法定储备金和税金后，如何处置年度盈余提出意见。社员在确定自愿储备金数量、用于分成的金额、用于各项社会活动资金的形式和金额等方面享有最终决策权。如有政府出资，则该资金需从盈余中扣回。印度合作社法

---

① The Multi-State Cooperative Societies Act, 2002
② 苑鹏,《现代合作社理论研究的发展》,《农村经营管理》, 2005 年第 4 期。

规定，允许提供政府合作基金，政府因此获得农业合作经济组织股权，该股权获得的利息收益则由农业合作经济组织用来赎回股权。

二是股金利息。农业合作经济组织盈余分配的规定决定了农业合作经济组织的股金不能进行盈余的分配。因为农业合作经济组织的盈余主要是在和社员的交易中由于社员的劳动而产生的。劳动者的劳动创造的利润，只能由劳动者享有，因此资本只有权获取利息，不能于此之外获取利润，它体现了农业合作经济组织与资本企业的重大区别。股金获得利息的比例是在农业合作经济组织的法律或章程中预先规定的，与农业合作经济组织的经营状况无关。

三是净资产的分配和处置。农业合作经济组织资产净值是农业合作经济组织的资产减去农业合作经济组织的负债之差，主要由农业合作经济组织的公共积累构成。社员对农业合作经济组织净资产的权利十分有限，在一般的情况下，他只能获得自己所交纳的股金原值。在农业合作经济组织解散时，农业合作经济组织资产通常移交给当地社区。

对于印度农业合作经济组织的社员来说，其主要可以通过两种方式获取收益。一方面按照社员与农业合作经济组织的交易额来进行盈余分配，与农业合作经济组织交易多、交易产品质量高的社员就可以获得更高比例的盈余返还。另一方面，社员在农业合作经济组织的股金还可以按照事先商量好的利率获得利息。在这两种收益中，农业合作经济组织的盈余主要是在和社员的交易中由于社员的劳动而产生的。社员的劳动创造的盈余，只能由劳动了的社员享有，而资本只有权获取利息，不能于此之外获取盈余的分配，股金只能按照一定的比率获得利息。

印度的农业合作经济组织大多实行了企业化的管理模式，实现了农业合作经济组织的所有权和经营权的分离，在农业合作经济组织的管理中出现了一大批的经理阶层，而且还聘用了大量的专业化管理人员。这些人员都必须要支付和其劳动量相对应的工资。在工资量的确定上，一般采取平均工资同相邻企业基本保持一致的原则。这样做，一方面为管理人员提供必要的生活条件；另一方面防止农业合作经济组织负担过高的劳动成本，以便农业合作经济组织在市场竞争中处于有利地位。农业合作经济组织管理层的工资不能过高，不能与同层次的私营企业管理层的工资标准一致，因为农业合作经济组织事业为"奉献者的事业"。相比管理人员来说，由农业合作经济组织选举产生的理事会或者董事会成员一般都是不领工资的。但根据参与农业合作经济组织公务活动的多少，适当地给予了交通和通讯方面的补贴。

（三）监督约束机制

农业合作经济组织作为市场中的经营者，同样需要遵循关于诚信、透明、效益和义务的最基本标准，因此有必要对农业合作经济组织的财务账目、报告等进行审计监督。但由于农业合作经济组织性质的特殊性，在对其财务账目、日常经营管理进行审计监督时应该采用不同的商业法律标准，以避免让农业合作经济组织担负过多的义务和成本。印度对农业合作经济组织的监督、约束有几种渠道和方式。

一是农业合作经济组织在申请注册时对其加以监管和约束。

根据2002年的《跨邦合作社法》，印度对农业合作经济组织的成立有了比较明确的规定。在印度要申请注册成为跨邦合作经济组织要包含两个以上的邦，每个邦至少五十个人参加。设立的程序一般应该首先向中央注册官员提出注册申请，申请必须要满足上述的设立条件。该申请应符合本法案的规定和条款，提出申请的社团其宗旨必须是服务于一个以上的邦，其章程必须符合合作的基本原则，以自助和互助的方式促进社会经济的发展，议定的章程不能违反2002年法案的规定，如果满足了这些条件和要求并征得中央注册官员的同意后，农业合作经济组织就算正式登记注册，中央注册官员将颁发由其署名的注册证明书，表明该农业合作经济组织合法。

二是通过设立审计员对农业合作经济组织加以监管和约束。印度的农业合作经济组织也有比较严格的会计和审计制度。会计制度方面，印度的农业合作经济组织都要遵守一般企业经营活动的会计制度。印度的相关法律也规定农业合作经济组织须同其他经营组织一样保存会计账目、递交财务报告。审计制度方面除了财务审计之外，还要进行绩效审计（或管理审计），这需要由经过专门训练，了解农业合作经济组织的经营理念的审计人员来完成。对农业合作经济组织的审计由审计协会聘请专门的审计师进行。这一制度在1904年就已开始实施，许多国家都参照了印度的这一做法并沿用至今，专门审计人员来自主管农业合作经济组织发展和监督的政府部门。农业合作经济组织在每年的社员大会上一般都要任命一个或几个审计员，这些审计员的任期一直到下一年的社员大会。在选出审计员之后，农业合作经济组织在7天之内应该将任命的结果通知给审计员本人。审计员还可以由中央注册官员认可的审计专门小组任命。农业合作经济组织要在任命审计员后的 30 天内将这一情况上报给中央注册官员。审计员在任何时间都有权调阅农业合作经济组织的账册、账户以及其他的资金账目和管理信息资料。审计员要在下一年的社员大会上提交一份有关农业合作经济组织账目检查的详细报告。内容包括农业合作经济组织的资产负债表,盈利或者亏损的统计以及其他的一些相关资料信息。这个报告任何农业合作经济组织的成员都可以查阅。如果中央政府了解到农业合作经济组织没有按照自助和互助的合作原则来进行管理,或者农业合作经济组织由于管理方式不当,可能会导致农业合作经济组织的贸易利益、加工能力严重受损,或者由于糟糕的财务状况可能危及到农业合作经济组织债务的偿还能力时,中央政府随时可以任命一个直接的特别审计小组对农业合作经济组织的进行全面审计。[①]

三是农业合作经济组织还可以通过民主选举的方式来加强社员对农业合作经济组织领导的监督和约束。在此以印度马哈拉施特拉邦合作糖业作为例子来加以说明。马哈拉施特拉邦的合作糖业之所以比较成功,一个重要的方面就是大农户之间形成了一种抑制寡头政治的格局。虽然广大的小农户难以问津合作社的领导职位,但在有政治抱负的大农户之间,存在着有利于保护小农利益的竞争。任何当选的领导人如果不能给合作社的多数成员带来好处,就要在下次选举中面临政治对手的有力挑战。广大社员对农业合作经济组织的事务极为关心,每次社员大会,至少有的 3/4 社员参加,而每次选举董事会,更是 100% 的社员参加投票。

---

① The Multi-State Cooperative Societies Act, 2002

竞选和选举糖业合作社的领导人比当地政治选举还要隆重。这不仅说明农业合作经济组织与广大小农户利益的密切关系,也说明他们相信,他们的参与能对自己的利益发生重要的影响。①

---

① 罗小朋:《印度的农村合作社—科拉布尔地区农村考察》,《中国农村观察》,1987年第3期。

第六章　印度农业合作经济组织发展中的外部保障机制

农业合作经济组织的建立、推广和迅速的发展除了需要一个高效的内部组织组织体系和科学合理的运营机制之外，还需要为之建立一个稳定的外部保障体系，为其创造一个有利的发展环境，减少农业合作经济组织发展中的不确定性，降低交易费用和运营成本。印度农业合作经济组织发展中的外部保障机制基本上是在政府主导下建立和发展起来的，因此本章的研究也是基于这样认识的基础上来进行的。

在世界各国农业合作经济组织发展的历史过程中，农业合作经济组织主要以三种发展模式而存在：自主联合型、政府改造型和政府推动型。不同的发展模式下，政府的作用、农业合作经济组织与政府的关系也不尽相同。在政府推动模式中，这类合作经济组织在政府引导下建立，而且从组织体系的设计，到相关规则的制定及其在农业和乡村经济体系中承担的任务等，都是在政府的支持下进行的，政府在农业合作经济组织产生与发展中也起到了非常重要的作用。但政府一般不会直接干预和控制，只是出于一定的目的通过法律、经济、政策等手段进行间接管理、指导和监督。农业合作经济组织实行民主决策、民主管理,同时具有一定的自主权。[①] 目前世界上大多数发展中国家的合作经济组织都属于这种类型,在这种类型中,政府对农业合作经济组织的支持和控制构成了两者关系的主要内容,只是在不同的国家,或同一国家发展的不同阶段中政府参与成分的多少不同而已。

印度的农业合作经济组织基本属于政府推动型的,但其官方色彩更加浓厚一些。印度的农业合作经济组织起步较早,早在1904年印度就成立了第一个农业合作经济组织,迄今已有一百多年的发展历史。同年印度通过了合作社法,农业合作经济组织从此开始普及。1947年印度独立后,为了促进农业生产力的发展,解决农村就业和粮食问题并促进农业的现代化,印度更是把合作事业纳入政府工作范围。印度政府实施了一系列加快合作经济组织健康发展的计划和方案,把合作经济发展纳入国家五年计划之中,使合作经济得到了很大的发展。目前,农业合作经济组织经济已经与股份公司、私人经济形成鼎立之势,是印度国民经济中的一支重要力量。农业合作经济组织作为广大弱势阶层改善自身地位的依托和载体,受到广大农民群众的支持和欢迎。同时,农业合作经济组织也被政府视为实现农业发展规划的主要工具。印度农业合作经济组织发展的历史表明,在农业合作经济组织的发展过程中,印度政府发挥了重要的作用。这种重要作用主要是通过各种措施和手段为农业合作经济组织的发展建立一个稳定的外部保障体系。包括制定促进农业合作经济组织发展的政

---

① 夏英:《政府与合作社》,《中国合作经济》,2006年第7期。

策，给予法律、资金和管理方面的支持，把农业合作经济组织纳入政府经济发展计划的实施机构，对合作经济组织进行必要的监督和管理等等。

第一节 政府主导的必要性分析

印度农业合作经济组织发展中的外部保障体系的建立是在政府的主导下完成的。政府为什么要发挥这样的主导作用呢？在此，需要对其必要性做一简要的分析。

第一，农业是一个高风险行业，农业生产不仅存在市场风险，而且还存在自然风险。在市场经济条件下，每个参与市场运行的经济主体都面临着各种各样的市场风险。由于农业生产的周期性和农产品的需求相对缺乏弹性，很容易出现"谷贱伤农"现象。除了要面对市场风险外，农业生产还面临着自然风险的困扰，因此政府应该充分发挥管理者和服务者的角色，制定相应的保障措施，减少农业风险。

第二，农业是国民经济的基础，农业生产为我们提供了基本的生存条件，为轻工业提供了大量直接和间接的原材料，为其他生产活动提供了基础。农业的稳定是国民经济持续稳定健康发展的重要因素。"无粮不稳"，这已经成为人们的共识。可见，农业具有很强的外部效益，具有部分公共品性质。现代农业更需要政府提供一个稳定农业生产的制度体系。农业合作经济组织将在这一制度体系中占据举足轻重的位置。

第三，由于农业自身的特点和农业经营者自身缺乏资本，大额资本又不愿介入高风险的农业生产,这就给农业合作经济组织的发展和成长留下了足够的空间。此外,对西方合作经济组织分析后也不难发现,农业合作经济组织在整个合作经济组织中占有主体地位,这是由其内在原因所决定的。在农业发展的过程中,由于单个农户力量有限、生产要素不完备,以及市场竞争激烈等因素,农业经营者具有很高很迫切的合作需求。[①] 政府要充分认识到对合作的这种迫切性需求,加以积极的引导和帮助。

第四,印度是一个人口众多、土地资源相对稀少的国家,因此农民单家独户的小规模分散经营的特征十分明显,在市场经济条件下,"小农户"和"大市场"的矛盾就尤其突出,而参加合作经济之后就能使小生产者参与到市场中,用他们的投资和辛勤的劳动赢得公平的回报。因此印度政府认为在市场经济体制中,建立一种重视小生产者发展的体制就变得十分重要,而农业合作经济组织形式就是这种有益于小生产者的体制创新,它对于壮大农业经营主体的力量有着极其重要的作用,从而对于稳定农业的发展和稳定整个社会的发展有着重要的作用。但由于农民的合作意识较差,同时由于农民的自我管理能力不高,这严重制约了合作经济组织的启动和进一步发展,在这种情况下,印度政府就应该在法律、政策、资金和税收等方面给予大力的扶持和引导,在教育、培训和信息方面也应给予积极的支持。

---

① 前三节参考了马广博:《政府支持农业合作经济组织的政策选择》,《合作经济与科技》,2006年第1期。

第二节 政府的制度导向

(一) 建立完善的法制体系

从1844年,人类历史上第一个经典合作社"公平先锋社"创立至今,合作社走过了160年的发展历程,其重要的发展经验之一就是合作社的发展从最初的自在运动演进为立法支持。合作社立法是国际上通行的普遍做法。合作运动产生以后,各市场经济国家逐步认识到合作社的价值,纷纷按照合作制原则,制定和执行进步的合作社法,促进合作社的发展,并采取步骤防止合作社官办化。目前,全世界已有150个国家或地区制定了合作社法或者合作社的示范章程。明确了合作社的法律地位和法人资格。政府依法制定示范章程,管理合作社,保障合作社守法经营,保证了合作社的健康、持续发展和不断壮大。

印度具有较为完备的法律体系,早在1904年就颁布了合作社法案,后又经过了四次修订。2002年的合作社法是目前合作运行的主要法律依据,该法对农业合作经济组织的原则,成员的职责、权利和义务,经理的选举,管理委员会的权利和职责,农业合作经济组织的管理等都作了明确的规定,而且还赋予了农业合作经济组织一些特权,以使它们能更有效的发挥作用。中央政府不仅修订国家相关法律,还鼓励、支持各邦政府修订和完善相关立法,使之与联邦法律相适应,以有利于制定全国性的统一政策，促进农业合作经济组织的改革和发展；此外，根据印度公司法案，农业合作经济组织还可以注册为生产者联合公司。生产者联合公司的立法为农业合作经济组织注册成为公司提供了法律依据，这为农业合作经济组织在市场中与数量不断增长的个体经营者竞争创造了一个公平的环境。

（二）积极推行经济体制调整和改革

农业合作经济组织是商品经济高度发展的产物，是农民（或农场主）为了适应商品经济发展的需要而自发组织起来的。在市场经济条件下，农业合作经济组织本应是市场经济中运营的经济主体，发挥其经济方面的功能；政府的职责应是努力弥补市场缺陷，为市场中的经济组织提供一个公平竞争的法律政策环境，让市场机制充分发挥作用，从而使经济组织真正优胜劣汰。[1] 自独立后至20世纪80年代初，印度一直实行计划与市场相结合的混合经济体制，对外资和民营企业有很多经营、制度和关税方面的限制。从90年代初开始，印度经济实行了以私有化、市场化和全球化为主要特征的全面改革。为了促进经济的市场化，使印度经济向市场调节为主导的宏观管理机制转变，印度政府采取了大量的措施，首先是减少政府对经济生活的干预，基本上取消了工业生产许可证以及为公营部门保留的经济领域，让公私部门在同一领域竞争，然后推进了价格改革，大幅降低商业银行的流动性

---

[1] 马广博：《政府支持农业合作经济组织的政策选择》，《合作经济与科技》，2006年第1期。

比例，促使专业银行商业化，由于充分发挥了市场机制的作用，印度经济逐步市场化，为印度农业合作经济组织的发展提供了一个良好的经济环境。

（三）土地制度的改革

在英国殖民时期，印度主要实行以柴明达尔制为主的封建土地制度。柴明达尔就是包税人或中间人地主阶级。包税人向政府交完固定不变的税款后，就可以把土地租给农民耕种，然后自由向土地耕种者征收地租。柴明达尔和土邦王公一道，构成了英国殖民者在印度广大农村地区的社会支柱和经济基础。这种建立在个人私有财产基础上的、从英国人那里继承下来的土地所有制，严重地限制了土地、劳动力和资本的合理分配，阻碍了印度社会经济发展。独立后，为促进农业发展，印度从20世纪50年代初期起进行了农村土地改革。1958年8月15日尼赫鲁在《基本方法》一文中指出："土地改革具有特别的重要性，因为如果不进行土地改革，特别是在印度这样一个人口高度稠密的国家，农业生产率就不能获得根本的提高。但是土地改革的主要目的是更为深刻的。改革的目的是要打碎一个停滞的社会中的古老的阶级结构。"[1] 印度希望通过土地改革以禁止少数人亦即地主垄断土地并凭借其对土地的所有权来剥削、压迫农民，提倡土地的合作化。"因此可以说，印度土地改革的一个重要目标是在村社和自

---

[1] 高放、张泽森、曹德成主编：《当代世界社会主义文献选编》，中国人民大学出版社1990年版，第626页。

愿联合基础上的合作社农业经济。"①

土地改革包括三项主要内容，第一，废除柴明达尔等中间人制度。由政府通过赎买的方式接管地主的大部分土地，使佃农向国家直接纳税。到1955年土改第一阶段基本完成，绝大多数邦均已废除"中间人"，被废除的"中间人"共有250万。这些措施使许多无地或只有少量耕地的农民获得了土地。据估计，通过废除中间人柴明达尔，约2000万佃农和国家建立了直接联系，约580万公顷的耕地在佃农和分成佃农中进行了分配。② 第二，规定土地持有最高限额。超出限额以外的土地由政府加以接管。通过实施土地最高限额法，到1992年6月30日，共7.28亿英亩土地被宣布为超过最高限额的剩余耕地，各邦政府获得了其中6.35亿英亩的所有权，并将其中的4.97亿英亩分给了475万个农业劳动力和其他符合政府土地分配原则的人。③ 第三，进行租佃改革。其主要内容是"公平租金"及"保障租佃关系"。各邦政府通过租佃改革法案，规定地租数量，规定农民连续耕种6年就取得永佃权，规定地主不得驱逐佃户等。

印度政府的土地改革很不彻底，地主作为一个剥削阶级仍然保存下来，广大贫苦农民的处境也没有得到根本改善，因此从这个意义上来说改革基本算是失败了。但改革多少削弱了封建势力，有利于印度经济的发展。废除了殖民地时期的封建的"柴明达尔"制度，在一定程度上剥夺了他们对佃农非法勒索和强迫劳役的权利，农民所受的封建的、非法的压迫有某种程度的解除。

---

① 尼赫鲁：《印度的发现》中译本，世界知识出版社1956年版，第693页。
② 〔印〕M.L.金刚：《发展经济学和计划》，德里，1992年英文版第700页。
③ 〔印〕《计划》杂志，1993年5月15日，第13页。

尤其是土地改革使农业资本主义的生产关系有了一定程度的发展：一方面，地主越来越采取利用雇佣劳动来经营农业的方法，开办现代化大型资本主义农场；另一方面，富裕的农民利用土地改革和国家的帮助不断扩大自己的经济，成为新式的富农，也利用雇佣劳动的办法经营农业。①

（四）建立完备的监管体系

印度政府为了加强对农业合作经济组织的服务和监管成立了一些专门的管理机构。1958年，印度成立合作社部，作为一个副部级机构，隶属于当时的印度社区发展部。1979年，印度成立了农业与合作社部，作为一个副部级机构，隶属于当时的农业与灌溉部。现在，农业与合作社部仍然是一个副部级机构，隶属于印度农业部，其职责是，负责国家对合作社政策的制定；协调和管理全国的合作社。印度全国合作社联盟又是其中另一个非常重要的组织，它对印度农业合作经济组织快速的发展也发挥了重要的作用。印度全国合作社联盟是代表印度整个合作社运动的最高机构，它首先作为全印合作社协会在1929年组织建立，后来全国各邦合作银行协会与全印合作社协会合并，1961年成立了全国合作社联盟。联盟的主要职能和目标是促进印度合作运动的发展，教育、引导和帮助印度人民；作为印度合作社运动的代表在全国和国际上传达印度有关合作社的政策和法规，开展合作社

---

① 尚劝余：《尼赫鲁经济思想及其实践试探》，《西北大学学报（哲社版）》，1995年第1期。

的国际交流；组织合作社的教育和培训，推广合作社的基本原则，通过各种媒介和手段宣传合作社运动所取得的巨大成就；代表合作社沟通与政府间的联系渠道，协调与政府各部门的关系，争取有关政策支持。到目前为止，全国合作社联盟的成员涵盖了印度所有行业，以及包括国家级、跨邦级和邦级的207个各级合作社协会。[①] 印度还成立了全国合作社发展公司。全国合作社发展公司的主要职能是促进农业生产、农产品储藏和加工、农产品销售，并提供资金支持，同时向合作社提供一些日常消费品及牛奶、渔业等方面的加工设备。全国合作社发展公司由印度农业部农业和合作局直接领导和管理。全国合作社发展公司还全面实施两种类型的项目，一是代表中央政府实施的中央项目，二是公司自己组织的项目。这些项目共向合作社提供资金支持229.86亿卢比，其119.02亿卢比是向合作社提供的补贴。[②] 全国合作社发展公司实施这些项目都是在各个邦政府的支持和协助下进行的。

除了这些综合性的管理服务机构以外，印度还成立了很多专业的管理机构，如全国农业和农村发展银行。作为支持农业和农村发展的国家银行，全国农业和农村发展很行主要是通过农业合作信贷体系向农业提供资金支持。另一个如印度国家乳业发展委员会，政府通过这个组织来筹措资金和实施印度的奶业发展计划，以促进奶业、农业品和相关产业的发展，并使其沿着合作模式的路线发展。1987年，印度国会通过议案，将国家乳业发展

[①] "Objective & Function", http://www.ncui.coop/ncui-vision-mission.html#

[②] 王正谱编译：《印度政府在农业合作社发展中的作用》，《农村合作经济经营管理》，1994年12期。

委员会上升为法定团体,成为国家的重要机构。

第三节　政府的政策支持

(一)制订农业合作经济组织的发展规划和战略

印度国大党很早以前就认识到,为了实现社会和经济目标,应该更好的利用印度合作社员个人的积极性。独立后,印度政府更加重视农业合作经济组织的发展,在1950年印度制定的第一个五年计划中印度政府采取了一系列措施,促使印度农业合作经济组织快速发展。根据合作计划委员会1946年、全印度农村债务委员会1954年、麦赫达委员会1960年的建议,印度政府通过了一系列重大决策,鼓励并支持在农业、小工业、手工业、金融和商业等部门尽可能多地建立合作社,把合作社作为实施社会经济发展计划的基础。同时,合作社的计划也进一步具体化。[①] 在1956年印度的第二个五年计划印度政府还宣布:"主要任务——是采取一些必要的措施,为发展农业合作经营打下坚实基础","以便在十年左右的时间内使大部分农业土地按合作社方式耕种——每个村庄的土地经营规划都要把个体经营、自愿合作社和村社经营具体化。他们之间的比例关系对于增长和发展以及积极的规划极其重要。目标是扩大合作社部分,直到这个村的全部土地

---

① 冯开文:《印度农村合作社的发展》,《中国农村经济》,2007年第4期。

都归村社的合作社管理为止。信贷、销售、加工等方面的合作也将会进一步带动生产合作。这些活动是相互联系的。"① 这些发展规划的制定为农业合作经济组织的发展奠定了重要的基础。

（二）加大财政支持力度，制定优惠的税收、信贷政策

印度在1904年建立了农业信贷合作系统。该系统已发展成为世界上最大的农村金融系统之一，并支撑着印度合作化运动的发展。独立后，印度政府加强了对合作社的支持力度。1954年，全印度农村债务委员会针对信贷合作社的发展，提出了一系列详细的建议：要求国家给予各级合作社足够的重视；通过建立较大的合作社贷机构，加强合作社在农业信贷中的基础地位；将信贷与销售、加工结合起来；扩大合作社的仓储设备；建立印度国家银行并使其分支机构延伸到广大农村，同合作社的信贷机构建立有机联系；建立为各级合作社培养人才的机构；建立全国农业信贷基金、全国合作社发展基金、全国仓储设备发展基金、农业救济和保障基金等国家基金，为合作社提供各种优惠贷款，从资金上支持合作社的发展。在这些建议的推动下，政府不断加大对合作社的拨款，在第一至第六个五年计划中，分别拨款3.4亿、7.7亿、6.4亿、25.8亿、37.6亿和58.4亿卢比用于发展合作社。② 印度政府要求信贷合作社及其他金融机构要加强对合作社

---

① 印度政府计划委员会：《第一个五年计划》，转引自《印度经济发展》，1984年。四川大学出版社。
② 冯开文：《印度农村合作社的发展》，《中国农村经济》，2007年第4期。

的信贷支持,每年安排一定数量的农业信贷资金,解决合作社季节性、临时性所需的资金;各级金融机构要不断改善对合作社的信贷服务,简化审批手续。政府还利用国际贷款大力资助合作社的发展,据印度《商业标准报》2007年7月7日报道,世界银行批准本财年向印度贷款38亿美元,其中包括23亿美元优惠贷款。该笔贷款中,6亿美元给农村信贷合作社。[1]亚洲开发银行2006年12月11日也宣布,该行将贷款10亿美元用于资助印度五个邦进行信贷合作社系统的综合改革。[2]

由于政府的有关政策,银行向奶业合作社企业提供的一年期贷款利息为8%,比向私人企业贷款低两个百分点。在租赁土地等方面也享有政策优惠。在哈里亚纳邦,还有专门的乳业研究中心,向合作社提供优良奶牛品种等技术支持。政府为奶牛免费注射疫苗,每3个月或半年一次。政府兽医可以随叫随到。此外,在村社供电、修建道路等方面,政府也提供一定的资金支持。[3]

(三) 加大技术扶持力度

除了资金支持外,技术支持是印度农业合作经济组织发展的重要保证。印度政府设立了农村管理学院等研究和教育机构,为劳动力提供技术培训,为合作经济组织提供受到过良好教育和专

---

[1] "印度获得世界银行38亿美元贷款",商务部网站,http://www.mofcom.gov.cn/aarticle/i/jyjl/j/200707/20070704892504.html
[2] "亚洲开发银行为印度农业信贷合作社系统提供贷款",http://finance.sina.com.cn/money/forex/20061211/17481092301.shtml
[3] 张保平、傅双琪:"印度:协会护奶农,政府帮协会",新华网,http://news.xinhuanet.com/mrdx/2006-02/20/content_4203529.htm

业化训练的管理人员,帮助合作经济组织引进现代经营管理技术并实行专业化管理。印度各级政府还经常组织技术人员下乡,为各种农业合作经济组织进行技术指导。比如印度奶业合作社,政府就经常派技术人员下乡为社员普及养牛技术,规范挤奶操作程序,提高产奶量和产奶质量。印度政府还拥有一个庞大的兽医服务和动物健康护理机构网络和人工授精服务站。合作社可以通过这个网络对动物疾病进行治疗和预防。为了改良国产品种,印度政府通过选用一些外来品种等措施,使印度国内奶牛和水牛产奶量的改良取得了成效。印度化肥合作社在营销过程中,政府指导农业合作经济组织充分利用互联网和信息技术,为农民提供交易和技术培训、咨询服务,目前印度化肥合作社已经成为印度第一家通过网络销售的大型企业。

(四)给予授权,增加农业合作经济组织的责任感

从农业发达国家农业合作经济组织的发展可以看出,发展到一定规模、具有一定组织资源的农业合作经济组织与政府的关系会更加紧密。政府与农业合作经济组织的合作,有效降低了政府的调查、研究、管理和组织成本。目前,世界各国政府常常采取授权、让农业合作经济组织成员参与决策等多种措施调节引导支持农业合作经济组织的发展。农业合作经济组织从生产和生活各个方面把个体农业经营者组织起来,积极配合政府贯彻和执行农村发展战略、方针和政策。农业合作经济组织已普遍成为政府指

导、干预农村经济,稳定社会的工具。[①] 在印度农业合作社的发展过程中,印度政府就通过委托合作经济组织参与日用品的分发,增加机构本身的责任感。例如印度政府为了缓解国内洋葱供应紧张状况,平抑洋葱零售价格,授权印度农业合作销售联合会负责进口洋葱。印度政府在履行国家职能时还尽力寻求合作经济组织的参与,农业合作经济组织已经成为政府发展农业战略的重要辅助力量。

(五)增加人力资本投入,建立人才支撑体系

为了给合作社的发展提供大量的专业化的管理人才,印度建立一批综合性的合作社大学,大力培养国际化人才。目前,印度合作社联盟建立了以全国合作社管理学院为基础培训高级合作社人员、以邦合作社管理学院为基础培训中层合作社人员、以初级合作社培训中心为基础培训初级合作社人员的教育培训网络。合作社的教育以岗位继续教育为主体,主要是对社员群众传授生产技能。包括适合妇女的编织、刺绣等手工艺技能。自1997年以来,印度每年都有120万名左右的社员接受合作社的教育和培训。[②] 这种完善的教育培训网络,为在经济全球化条件下适应农业合作经济组织对国际化人才的需求,印度全国合作社联盟联合其他全国性的合作社组织,在政府的支持下,大力筹措建设资

[①] 马广博:《政府支持农业合作经济组织的政策选择》,《合作经济与科技》,2006年第1期。
[②] 黄步军:《印度合作社:广泛社会基础和庞大系统网络》,中国农业科技推广网, http://www.agricoop.net

金，积极筹建综合性的合作社大学，满足农业合作经济组织对中高级国际化人才的培养需求。

第四节　简要评价

稳定科学的外部保障体系的建立大大有利于印度农业合作经济组织发展。政府在外部保障体系的建立过程发挥了主导作用。但是，正是由于这种主导性导致了政府在发挥其作用过程中的不当定位，对印度农业合作经济组织的发展产生了一些负面的影响。

第一，政府过分干预农业合作经济组织的内部事物。在印度，农业合作经济组织具有双重功能，一是根据章程完成农业合作经济组织自身的目标；二是充当政府的准职能部门，实施政府的某些政策。政府往往强迫农业合作经济组织执行政府制定的计划和项目，而农业合作经济组织则没有选择的余地。强调政府干预的理由是：政府已经向农业合作经济组织投入了大量的资金，政府必须保护这些资金的安全，必须参与农业合作经济组织的管理。在这种指导思想下，政府过多地干预了农业合作经济组织的内部管理，剥夺了成员的民主权利，如印度农业合作经济组织最高机构——印度合作社联盟的主席都是由政府指定的，甚至农业合作经济组织的经营原则也是由政府批准后才能执行。另一个问题是政府的支持只停留在对全国和邦一级的农业合作经济组织机构，而基层农业合作经济组织却很少能够得到政府的直接支持。

第二,政治倾向。在印度,几乎所有的政党在竞选中都强调农业合作经济组织的重要性,一些政党甚至企图控制农业合作经济组织,使其成为自己的政治力量。政治化是通过指定董事会成员、经理等来实现的,这些董事会成员和经理虽然不是政府官员,但他们不对农业合作经济组织成员代表大会负责。很多邦合作社法已经把指定农业合作经济组织经理和其他重要人员的权利给了邦政府。[①]

从上面的分析可以看出,对印度农业合作经济组织外部保障体系建立中的政府作用不要过于乐观的进行评价。联合国开发研究所在研究伊朗、斯里兰卡和巴基斯坦的合作运动以后,得出的结论是:"合作社没有——真正帮助成员改善他们的状况或同剥削农民的人作斗争,并限制了他们的发展。合作社是作为政府工具幸存下来的或因为他们能巩固现存政权。"[②] 这个结论对于印度农业合作运动的评估似乎也是比较恰当的。

因此,印度农业合作经济组织的发展完善除了要求合作社本身要不断适应经济发展的需要,不断满足广大农民的需要,大力提高自己的经营、管理水平和经济效益之外,还要求政府继续引导和扶持,继续完善相关的法制体系,建立良好的监管体系,营造良好的市场环境,建立庞大的人才支撑体系,为印度农业合作经济组织建立一个稳定、合理的外部保障体系。同时尤为重要的是在农业合作经济组织发展、运作的过程中,政府要注意处理好

[①] 王正谱编译:《印度政府在农业合作社发展中的作用》,《农村合作经济经营管理》,1994年12期。
[②] 〔印〕鲁达尔·达特,K. P. M. 桑达拉姆:《印度经济》,四川大学出版社,1994年版。

与农业合作经济组织之间的关系。政府不能不受限制地把行政干预扩张到合作经济组织的内部事务,以至于分不清它是政府行为还是合作经济组织本身的行为。

第七章　农业合作经济组织与印度农业发展

要研究农业合作经济组织在印度农业发展中的作用与影响，就有必要对印度农业发展的现状特点等进行简要的分析。印度是一个人口众多的农业大国。独立前，农业发展非常缓慢，独立后，为了发展农业，印度实行了以制度改革和技术改革相结合的农业现代化发展战略。印度的农业得到了长足的发展，在20世纪70年代就基本解决了粮食问题，使印度从一个粮食常年进口的国家转变为粮食基本自给，并有大量储备和少量出口的国家。目前，印度拥有世界十分之一可耕地，耕地面积约1.7亿公顷，是世界上最大的粮食生产国之一。12.1亿人口中农村人口约占总人口的72%。主要粮食作物有稻米、小麦等，主要经济作物有油料、棉花、黄麻、甘蔗、咖啡、茶叶和橡胶等。"十一五"期间（2007—2012），农业年均增长率3.6%，低于其预期目标年增长率4%，但却高于"十五"计划期间年均增长2.4%的目标。2011—2012财年农业增长率为3.6%，2011—2012财年农业总产值占国内生产总值的14%。2011—2012年度印度的粮食产量创历史新高，达到2.5932亿吨。① 虽然如此，印度农业的发展还是存在着一些问题，其现代化还有较长的路要走。

第一节 印度农业发展的现状及其特点

（一）人均土地规模较小，小农经济仍占绝对优势

印度农业社会经济结构的特点是封建的、个体的和资本主义的经济成分并存，小农经济占绝对优势，每个农户的经营规模较小。造成这种情况，原因是多方面的。其一，虽然印度在独立后就开始进行土地改革，并公布了名目繁多的法令，但大多并未认真执行，成效不大。因此，在经历了长达40年的土地改革后，印度的土地占有状况并未发生根本性变化，土地所有权仍集中在少数人手里，封建和半封建的经济成分占有优势。根据2010－2011年度的农业普查，全国有1.17亿户属于小农和边际农，与全国总农户1.38亿的比例高达85%（1960－1961年度，这一比例只有62%），占有全国可耕地的44%，其中边际农达到全国总农户数的67%，只占有全国可耕地的22%。② 其二，由于印度人口不断增长，导致了对大块土地持续不断的再分配，使土地变得越来越零散。印度农户平均经营的土地规模为1.58公顷

---

① Economic Survey 2012－13，http://www.indiabudget.nic.in/
② Annual Report 2012－13，NABARD，https://www.nabard.org/english/allpublication.aspx

(1985—1986年度），但占农户总数的57.8%的边际农户的平均规模只有0.39公顷，但是到了2011—2012年度，印度人均耕地只有0.13公顷。在这种情况下，小农户就不能也无力对土地进行任何有价值的投资，也无力进行其他必要农业活动。

（二）农业现代化程度和范围不够，农业的生产方式差异很大

自20世纪60年代"绿色革命"实施以来，印度农业虽然经过了几十年现代化的发展，但农业现代化程度和范围仍然不够。在农业内部，农业先进技术大都局限于小麦和水稻，而其他粮食作物和经济作物仍被排斥在现代化的大门之外。在地域范围上，农业先进技术的广泛采用也仅限于西部少数几个条件较好的邦，在全国范围内的推广速度缓慢，成效并不明显。在生产方式上仍以传统的生产工具和手工劳动为主，机械化程度很低，现代投入较少，85%的耕地依靠人畜力耕作，50%的耕地无灌溉设施，靠雨水灌溉。印度平均每公顷耕地使用电力的负荷密度在近年来虽然有了大幅上升，1975—1976年度为每公顷0.48千瓦，2012—2013年度达到每公顷1.73千瓦，而2015年度这一数值估计将达到每公顷2.0千瓦，[①]但是与发达国家相比，仍然有很大的差距。尤其是由于印度土地碎分化严重，很多农民拥有的土地规模很小，拥有和使用农业机械在经济上是不划算的，再说很多农民也没有能力购买，所以印度农业机械化程度总体而言是很低

---

① Economic Survey 2012—13, http://www.indiabudget.nic.in/

的。改良种子，化肥等也还没有得到广泛的运用，土地的生产率和劳动生产率远远低于世界平均水平。

（三）土地生产率仍然较低

印度根据自己人多地少的资源禀赋特征，选择了采用"土地节约型"技术，用相对丰富的劳动力去替代稀缺的土地，充分提高土地生产率，充分利用劳动力，增加农村剩余劳动力的就业这样一条农业现代化道路。经过 40 年的发展，印度的土地生产率有了很大的提高，2002 年印度水稻每公顷产量已达到 2915 公斤，但同其他国家相比差距还是明显的。同年日本水稻每公顷产量达 5582 公斤，美国水稻每公顷产量达 7372 公斤，印度单产都不到他们的一半，也不到埃及水稻每公顷产量 9135 公斤的 1/3，甚至同其邻国缅甸和孟加拉国相比都还有不小的差距。小麦是受惠于"绿色革命"的最主要的粮食作物，因此有人将"绿色革命"称之为"小麦革命"。虽然如此，印度小麦每公顷 2770 公斤的单产也仅比其邻国如孟加拉国、巴基斯坦、伊朗等国的单产要高一些，但距离中国每公顷的 3885 公斤，还有一定的差距，和法国的每公顷 7449 公斤，英国的每公顷 8043 公斤相比则差距巨大。在玉米、甘蔗、烟叶、花生等粮食和经济作物上，印度每公顷的产量也仍然较低。

（四）农业和农村的不平衡日渐扩大

农业和农村的不平衡的扩大主要表现在三个方面，一是农业发展的地区差异和农作物的内部差异不断扩大。由于印度在20世纪50年代严重缺粮,加之自"二五"计划起实行的优先发展重工业的战略需要粮食的支撑,因此随后的"绿色革命"便将关注的重点落在了以小麦和水稻为主的粮食作物上,豆类和油料等经济作物的种植面积和总产量大大减少,每年需进口大量食油才能满足国内需要。同时由于各地自然条件的不同和经济、社会环境条件的差异,采用现代技术的程度不同,造成了农业生产和农村发展在地区之间的不平衡。比如旁遮普和哈里亚纳等邦拥有良好的灌溉设施和其他自然条件,所以"绿色革命"首先在这些地区实行。经过几十年的发展,这些地区的粮食产量和农民收入都达到了一个相对较高的水平;而像南部和东北部一些地区则生产水平和粮食产量较低。

二是城乡差距不断扩大,城市发展明显快于农村。城市中产阶级年收入达到2000-4000美元,而一名农民工辛苦一年也只能挣50美元左右,相差约50倍。印前总统纳拉亚南曾在共和日的演讲中对此严加抨击,"当我们社会的一半人恣意狂饮着碳酸饮料时,另一半却不得不喝着巴掌大的浑浊的泥水"。[1] 根据印度全国抽样调查组织进行的第七次家庭消费支出调查结果显示,2004-2005年度,农村最贫穷的5%的人口人均月消费支出为0-235卢比,每日人均消费不足8卢比;另外5%的农村人口人均月消费支出为235-270卢比,每日人均消费8-9卢比;农村较富裕的5%的人口人均月消费为890-1155卢比,农村最富裕

---

[1] 胡仕胜:"印度经济增长何以导致政府下台",新华网,http://www.yn.xinhuanet.com/east/2004-05/24/content_2182098.htm

的5%的人口的人均月消费为1155卢比以上。在城市中，5%的最贫穷的人口人均月消费支出为0-335卢比，每天不足11卢比；5%的城市人口人均月消费支出335-395卢比，每日人均消费支出11-13卢比。调查显示，5%的城市人口人均月消费1880-2540卢比；5%的最富裕的城市阶层的人均月消费在2540卢比以上。[①]

三是农村的内部差距不断扩大。农业现代化实际上就是要增加现代科技投入，这需必要的资金保障，但印度的边际农、小农与大农在土地、金融等资源占有上的不对等性，使得边际农、小农不愿也无力加大对土地的投入，因此他们之间的收入差距不断扩大。随着经济的发展，农业现代化的不断深入，地区发展不平衡、城乡差距和收入差距扩大的问题并未减轻，反而有加重的趋势。

（五）印度农业的商业化程度较低

印度是一个人口众多，而人均土地规模较小，小农经济仍占绝对优势的国家，人均耕地面积只有0.17公顷。对于绝大多数小农和边际农来说，土地资源是极其有限的。印度农业虽然在20世纪60年代中叶就走上了以"绿色革命"为代表的农业现代化之路，但众多的小农和边际农从中得到的好处是极少的。他们大都仍采用传统的生产方式，土地的生产率很低，而且还常常受

---

① "印度贫困农民每日人均消费低于20美分"，中国驻印度大使馆经济商务处，http://in.mofcom.gov.cn/aarticle/jmxw/200701/20070104250146.html

到自然条件的影响。农业对他们而言，只是生活的最低保障来源，他们生产的农产品在自己消费之后就没有更多的剩余，甚至有的连维持自己最低的生活需要都存在困难，因此农业商业化的影子在他们身上是找不到的。中农和大农则可以充分利用"绿色革命"带来的机缘，利用政府在金融和信息上的支持，购买优质良种、化肥、杀虫剂和修建灌溉设施，不断增加现代品的投入，这样他们就能生产出更多的适应市场需要的农产品，农业商业化在他们这儿得到了部分的体现。

（六）印度农业对自然条件的依赖较大

印度多数地区属于典型的季风气候，季风气候条件下的降水不够稳定。这种降水的不稳定性使全国广大地区常常受到干旱与洪涝灾害的威胁，又以干旱更为严重。据统计，印度严重的干旱平均每5年发生一次。这种气候特征加上印度的灌溉设施不足，50%的土地需要雨水进行灌溉，这使印度农业有一个较为明显的特点，就是农业对气候和雨水等自然条件的依赖性很大，抗御自然灾害的能力较差，经常遭受季风的危害而造成水旱灾害。气候变动不仅引起产量的周期性变动，而且还会侵蚀农业投资的价值（比如暴雨冲毁梯田），从而致使整个农业表现欠佳。近年的研究表明，在"后绿色革命"时期，农作物产量对降雨量的敏感性增强，大部分农作物的产量弹性变动范围扩大。这主要是因为使用现代品种和投入要素与通过降雨和灌溉保持土壤湿度之间存在较强的互补关系。即在使用了现代品种和投入要素的年份，如果降雨量充沛或者有灌溉保证，那么当年的产量就会非常高，反之亦然。在衡量气候对全印度不同农作物的种植面积和产量的影响时，降雨量被当作是有代表性的影响变量。[①]

在新世纪的第十个五年计划中，印度的农业已得到了很大的发展，现代化程度大有提高，但印度农业受自然条件的影响仍是十分明显，农业增长速度的快慢，甚至国家经济增长速度的快慢都可以从降雨量的变化得到解释。由于严重的干旱，在2002—2003年度，印度农业出现了负增长，而且幅度高达5.9%，这使当年GDP增长率仅为3.8%。同样在2004—2005年度，由于雨水不足，农业也只增长了0.7%；而在2003—2004年度，由于风调雨顺，农业的增长率高达10.0%，GDP的增长率也高达8.5%。2008—2009年度，由于降水量减少、农业生产量的增长率仅为0.1%。2009—2010年度又遭遇37年来最严重的干旱，农业生产仅增长了0.8%。

第二节　印度农业现代化发展缓慢的主要原因

（一）政府宏观政策的因素

一般正常的情况下，政府追求的是国家利益的最大化。国家利益与农民利益从理论上和总体方向来说，应该是一致的，但具体到某一方面、某一时期或在某些特殊的情况下，也常常表现为

[①] 《印度的农业风险及其应对策略》，《江西食品工业》，2003年第1期。

阶段和局部的不一致。比如,在二元经济社会结构的国家,在实现工业化时期,国家和农民价值取向就存在着一定的差异。① 印度是一个比较典型的二元经济社会结构的国家,独立初期,为了摆脱长期殖民统治造成的恶果,医治印巴分治后所引起的创伤,控制通货膨胀,印度政府在"一五"计划中明确指出要给予农业最优先的考虑。在这一段时间,由于国家最重要的利益和农民的利益趋于一致,国家给予农业以大量的投入和高度的重视,所以在"一五"期间,印度农业获得较快发展,粮食增产,从而使物价回落,国民经济得到恢复。

但是和其他发展中国家一样,印度也有优先发展工业的偏好。印度首任总理尼赫鲁认为,"指导印度计划的战略是工业化,就是说把基础工业放在首位"。"如果我们要工业化,头等重要的就是我们必须有制造机器的重工业"②。印度政府计划者也认为资源应该更多的用于工业而不是农业的发展,工业部门的建立和扩展是提高国民生产总值特别是农业发展的必要条件;迅速的工业化不仅是农业,而且也是其他所有部门发展的必要条件。在这些思想的指导下,印度政府在"二五"和"三五"计划中就重点强调发展重工业、基础工业以迅速实现工业化。而对农业的重视程度明显降低,投入大幅减少。20世纪90年代末以来,这种趋势表现的更加明显。据资料显示,在印度人民党执政的5年间,印度政府对农村投资逐年下降,所占国内生产总值比重由此前的14.5%减至不足6%,农村发展开支年均减少约3000亿卢比。③

---

① 许锦英:《资源禀赋诱导技术变革理论述评》,《东岳论丛》,2005年第3期。
② 1960年8月22日尼赫鲁就《第三个五年计划纲要草案》在议会的发言。
③ 钱峰:"印度农民自杀悲剧",《环球时报》,2004年6月9日。

2007—2008年度，印度对农村发展方面的投入只占总支出的2.80%，2008—2009年度增加到4.56%，随后这一比例逐年下降，2009—2010年度为3.77%，2010—2011年度为3.51%，2011—2012年度为2.97%，2012—2013年度为2.74%。[①] 投入的下降导致与农村发展密切相关的农村就业计划、农业特区计划、乡村工业、农村基本建设均得不到有效落实。第十个五年计划中，印度中央和地方政府在农业部门投资5893.3亿卢比（约合130.96亿美元），其中地方政府对农业投资占年度总投资的比重从2002—03财年的5.2%下降到2006—07财年的4.7%，并将继续下降。设在新德里的印度政策选择研究中心在对官方数据进行分析后也宣称，农业方面的公共开支大约减少了三分之一。[②] 由于这些因素的存在，因此印度的国家利益就和农民的利益在局部和阶段上存在着一定的不一致性，这成了印度农业现代化发展缓慢的一个重要原因。

（二）投入不足，农业基础设施较差

速水佑次郎和弗农·拉坦的资源禀赋诱导技术变革理论认为一国农业增长选择怎样的技术进步道路，取决于该国的资源禀赋状况。土地资源丰富而劳动力稀缺的国家，选择机械技术进步的道路是最有效率的；相反，土地资源稀缺而劳动力丰富的国家，选择生物化学技术进步的道路是最佳的。但现实中资源要素价格

[①] Economic Survey 2012—2013, http://www.indiabudget.nic.in/
[②] 《纽约时报》："印度农业发展为何迟缓？"，2008年06月30日，新华网。

比率诱导的技术变革方向与农民主体的个人效益最大化并不都是一致的。当资源要素价格比率诱导的技术变革方向与农民主体的个人效益最大化不一致时，比如土地资源稀缺的国家，需要选择培育良种、农田水利排灌工程等土地节约型技术时，由于技术本身投资大、周期长、且公共效益高而投资者效益低或者根本无利可图。这时，决定一国农业技术变革方向和速度的主体就应当主要是农民。① 印度是一个人多而土地资源相对不足的国家，据此，印度政府在技术上选择了以"绿色革命"为主要标志的农业现代化之路。但是这样一条农业发展道路需要大量的资金投入，而农民在资金上的投入反而是很低的，为什么会出现这种情况呢，对此可以从以下三个方面进行分析。

首先，他们没有能力对土地进行较大的投入。印度的大多数农民没有或仅有很少的积蓄，而农村信贷机制的不完善，政府功能的孱弱，使小农和边际农很难得到资金上的支持对土地进行持续的投资。据世界银行和位于新德里的印度全国应用经济研究所2005年联合进行的一项调查报告显示，印度农民70%没有存款，要种庄稼只能贷款。但是金融机构贷款手续繁杂，贷款数量少。资金的缺乏在现实中能选择新技术进行农业生产的只有极少数的大农和中农，由于大中农、尤其是大农的经济实力较强，能够买得起足够的化肥农药，修建水利设施，改良土地，而且由于他们在农村中社会政治地位高，他们可优先获得贷款、良种、化肥、农药等。而其他大多数的小农、边际农，由于资金少，地位低，

---

① 山东省农业专家顾问团农机分团许锦英：“资源禀赋诱导技术变革理论局限及应用误区”，山东农业信息网 http://www.sdny.gov.cn

在使用良种后,无力作足够的投入。

其次,由于占大多数比例的小农、边际农的土地十分零散,每一块的面积都很小,在不具备一定土地规模条件下去修建灌溉设施,改良农田,大量使用农业、化肥,采用优良农作物种子,这样所付出的成本是很高的。

最后,虽然也有一些地主拥有继续投入的大量资金,或者一些小农户通过银行获得了一定数额的资金,然后进行生产性的投入,但是这样的投入是要冒很大风险的,这些风险既有大自然所带来的风险,也有采用农业新技术所具有的不确定性的风险。在这种情况下,无论是地主还是普通农民都没有足够的动力进行投资以实现土地长期性的改进。因为他们都不确定是否可以从这一些改进中获利。因此绝大多数的小农、边际农和佃农也是不愿意增加农业上的投入。资金缺乏、农业投入不足必然导致绝大多数农民只能采用传统的耕作模式。这就使印度农业技术变革的方向存在偏差,变革的速度大大降低,这也成了印度农业现代化发展缓慢的又一重要原因。在这种情况下,印度政府就要发挥出它应有的作用,减少或消除这些不确定的因素,使资源要素价格比率诱导的技术变革方向与农民效益的最大化相一致,使国家与农民对农业技术进步的选择方向及选择能力与资源禀赋的经济要求相一致,从而实现印度国家利益的最大化。

(三)土地改革的不成功

在印度独立后不久的 1949 年,印度开始实施土地改革。改革的内容有三项:一是废除柴明达尔土地所有制;二是改革租佃制度;三是实行土地持有最高限额法。但印度的土地改革就其深度、广度及彻底性而言,效果实在不太理想。原因是多方面的,但核心是由于国大党本身所代表的是大地主大资本家利益,以及由大地主大资本家阶级占据的议会席位形成的对尼赫鲁政府的制约。这使国大党政府,即使有再好的政治设计,也无法实现。印度国大党推行土地改革40余年,最终不得不以"具有雷鸣般的热情"开始,而以"没精打采"的结局告终。[①]

土地改革不成功,致使无地和少地农民仍然大量存在。这些无地和少地农民约占农村人口的3/4,他们要么去当"契约劳工",要么是沦落为城市贫民和乞丐。真正的劳动者没有土地,而许多的城里人却在农村拥有大量的土地,成为了所谓的"绅士地主"。这样的土地分配制度导致了印度贫民的极度不满,2007年10月,印度就爆发了大规模的农民示威和游行,要求当局进行土地改革。他们主要是由贫农、佃农和没有土地的农民组成,他们要求当局进行土地改革,并且抗议印度高涨的经济并没有让他们受惠。因此在这样的土地分配制度下,印度农业要想迅速的发展,现代化农业要想早日实现,其难度是可想而知的。印度裔诺贝尔经济学奖得主阿马蒂亚·森对印度的问题一语中的,他说:增长率下降不是探求的正题,印度的失败是在分配上而不是在增长上。

---

① 张文木:"印度国家发展及其潜力评估——与中国比较(一)",《东亚经济评论》http://www.e-economic.com

（四）农民的科学文化知识欠缺，组织化程度不高

1950年印度将义务教育写入宪法，实施免费的义务教育。至今，印度已建立起机制化的、受法律保障的全民义务教育体系。但是由于经费的短缺、大量贫困人口的存在，印度的基础教育任重道远。1990－2004年，人口识字率从49.4%提高至51%，5－14岁儿童入学率为94.23%，其中男童97.55%，女童90.51%。但15岁以上文盲人口仍有2.7亿，居世界之首。[①] 2011年，印度农村地区男性的识字率为79%，女性的识字率则只有59%，城市地区男性的识字率为90%，女性的识字率则只有80%。[②] 而且这些文盲绝大多数都在农村，此外即使在非文盲中很多人也仅是能简单地读书识字而已。由于农民受教育的程度有限或者根本就没有接受教育，因此他们更多地受到传统价值观念的影响，思想保守，对新鲜事物不感兴趣，科学思想没有存在的土壤。在生产方式的选择上，仍然以古老的农耕方式为主，不敢大胆地去选择新品种，试验新肥料，也不懂得如何根据土壤条件去选择合适的作物进行种植。在经营方式的选择上，仍然以单家独户的小农经济为主，农业合作经济组织对他们没有太大地吸引力。因此印度的合作社虽然已经有了100多年的历史，也有了一定程度的发展。但总的来说印度还有很多农户并没有被真正的

[①] "印度政府2006/2007年度经济概览"，转引自中华人民共和国外交部网站：http://www.fmprc.gov.cn/
[②] Statistical Year Book, India 2013, http://mospi.nic.in/mospi_new/upload/SYB2013/index1.html

组织起来。单独的农户，零散的土地，很低的组织化程度，这在很大程度上限制了生产要素的整合和有效配置，影响了印度农业规模经济的实现。教育不足，观念落后、资金欠缺以及没有有效的组织，印度个体农民无力改善农业基础设施和进行农业技术改造，导致农业生产条件落后、农产品质量不高、农业生产率和效益低下，农民生产的农产品大多数只能用来维持自己生存的需要，农业的商业化程度很低，现代化农业对印度而言还是一个长期的目标。

第三节 以合作制为核心的农业制度化发展战略的选择

(一) 农业制度化发展战略产生的背景

独立前印度农业发展缓慢，而人口增长的速度却大大超过了粮食增长的速度。在1946—1947年以前的40年间，印度的粮食产量只增长了12%，而与此同时人口却增长40%以上，因而导致印度人均粮食获得量大幅度下降。[①] 独立初期，印度的农业和农民问题依然十分严重。由于印度私有化的土地制度和土地分配的不均，大多数农民没有或只拥有极少数的土地，在经济上农民

---

① Blyn George, Indian Agricultural Trend (1891—1947), Agricore Publishing House, New Delhi, 1966, P96.

深受高利贷剥削，负债累累。他们既没有资金对土地进行投资，也没有知识使用专门的工具和化学肥料。当时农业的发展主要依靠不稳定的雨季和飘忽不定的季风。尽管约72％的人口从事农业劳动，但国家的粮食还是不能自给，而且还大量依赖进口。在这样的背景下，印度政府提出了农业现代化的四个重要目标：增加农业产量，保证粮食供给和满足国家工业化的需要；增加就业机会，特别是为农村中最贫困的阶层创造提高收入的机会；减轻人口对土地的压力，剩余劳动力应逐渐转移到第二、第三产业部门，最好是转移到农村和半城市地区；减轻农村地区收入不均，政府将通过消除对佃农的剥削和在小农、边际农当中分配剩余土地的方式来达到农村地区的公平和公正。为了实现这样的目标，以尼赫鲁为总理的印度政府实行了农业发展的"制度战略"，通过改革土地关系结构，推行农业合作化和实施乡村建设计划等手段和方式增加农业生产，实现印度农村的公平、公正和社会进步。因此可以说尼赫鲁政府的"制度战略"，是一个由多因素组成的综合体，它不仅要提高农业产量，而且还要促进农村政治、经济和社会生活的综合发展。[①] 作为印度农业发展的主体战略之一的"制度战略"，自独立初实施以来，一直在印度农业发展中发挥了重要的作用。目前，印度的农业发展以"制度战略"和"技术战略"并重，也即是在技术上更多地依赖于多次倡导并实施的绿色革命，在制度上则依托于农业合作经济组织的建立和推广。

---

① 金永丽：《略论尼赫鲁的农业政策》，《陕西师范大学学报》（哲学社会科学版），2000 第29卷第1期。

（二）农业合作化制度的建立与推广

独立后，印度非常重视农业生产。为了发展农业，印度政府制定并实行了农业发展的制度战略。其中，推行农业合作化构成了制度战略的重要组成部分。尼赫鲁政府也把农业合作化作为建立社会主义类型社会的一条重要途径。这不仅被认为是提高农业生产的重要手段，也被认为是缩小农村贫富差距的基本保证。为此，印度政府通过了多项决议，出台了一系列的政策鼓励并支持在各个领域建立合作社，并把这些合作社作为实施发展计划的基础，实现国家政治、经济和社会目标的重要手段和辅助工具。为了促进合作社的发展，印度在独立前就先后在 1904、1912 和 1942 年制定和修订了合作社法，独立后又于 1984 和 2002 年两次修订。为了加强对农业合作经济组织的服务和监管印度政府还成立了一些专门的管理机构。印度全国合作社联盟和全国合作社发展公司就是其中最重要的组织，它们对印度农业合作经济组织快速的发展也发挥了重要的作用。除了这些综合性的管理服务机构以外，印度还成立了很多专业的管理机构，如全国农业和农村发展银行和国家乳业发展委员会等。经过多年的发展，印度农业合作经济组织已逐渐形成功能较为齐全、结构比较完整的组织体系。这个体系包括信贷合作社系统、生产合作社系统、销售合作社系统、加工合作社系统和综合合作社，形成了明显的专业化分工。

（三）农业合作化在印度农业发展中的定位分析

独立后，为了改变农业发展的不利局面，促进农业发展，尼赫鲁政府实施了农业发展的"制度战略"。"制度战略"主要包括三个部分的内容：一是改革土地关系结构，二是推行农业合作化，三是实施乡村建设计划。土地改革包括三项主要内容，第一，废除柴明达尔等中间人制度。由政府通过赎买的方式接管地主的大部分土地，使佃农向国家直接纳税。第二，规定土地持有最高限额，超出限额以外的土地由政府加以接管。第三，实行以"公平租金"及"保障租佃关系"为主要内容的租佃改革。"制度战略"另一非常重要的举措就是推行农业合作化。印度政府在20世纪50年代大力推广农业合作运动，并设想将全部耕地和农户都纳入合作耕种的轨道，以消除农村各阶级间的利益冲突，实现其共同发展的目标。而乡村发展计划主要内容包括三个方面：一是建立评议会制度，整顿乡村基层政权，在邦以下建立县、区、村三级行政机构；二是实行经济民主化，主要是通过推行合作化运动，组织各类农业合作经济组织，发展乡村经济，促进农业生产力的发展。三是建立一系列志愿社会团体，以缓和和消除教派及种姓等冲突。

在"制度战略"所采取的以上三项措施中，农业合作化无疑具有非常重要的地位，这主要表现在两个方面：首先，印度实行的轰轰烈烈的土地改革，其最终的目标就是在印度建立合作农场和一种合作的农村经济。① 正如1954年1月印度国大党在《布巴内斯瓦尔决议》中指出的那样:"土地改革的目标是在村社和自愿联合基础上的合作社农业经济。这也将意味着土地的合作化或集体管理。"② 其次在印度实施的乡村发展计划中,农业合作化是其需要达到的重要目标,同时也是实现其他目标的重要制度性措施。因此,农业合作化在印度农业发展战略中的重要地位就可见非同一般。而且事实也证明农业合作化在促进印度农业和农村发展中发挥了重要作用,今后随着农业合作经济组织的不断发展和完善,这一作用将会更加的明显。

其次,印度的"制度战略"发展到今天,其中组成内容之一的土地改革已经失败,乡村建设计划已经完成了它的使命,而且对促进印度农村发展的收效甚微。只有农业合作化仍然存在,并且有了很大的发展,在促进农业和农村的发展中发挥了巨大的作用。目前,农业合作化已经成为了印度农业"制度战略"的核心和代表,农业发展的重要制度选择。印度的农业走到今天,虽然说不上成绩斐然,但至少有了长足的进展。印度农业之所以能取得这样的进展,农业发展的"制度战略"和"技术战略"的实施是决定性的,而作为"制度战略"核心和代表的农业合作化所起到的作用无疑也是非常明显的。

经过100多年的发展,尤其是独立以后,政府的大力扶持和引导,印度的农业合作经济组织在农业发展中发挥了非常重要的

---

① 〔印〕鲁达尔·达特,K. P. M. 桑达拉姆:《印度经济》,四川大学出版社,1994年版,第92页。
② 转引自陶季邑:《孙中山和尼赫鲁的社会经济发展模式之比较》,《暨南学报:哲学社会科学》,1996年第3期。

作用，合作经济已成为印度国民经济的一支重要力量。同时，农业合作经济组织作为广大弱势阶层改善自身地位的依托和载体，受到广大农民群众的支持和欢迎。

第四节 农业合作经济组织对印度农业发展的作用

（一）促进农业科技的推广与运用

促进农业的发展，一个重要的方面就是要促进农业生产技术的科学化，即把先进的生物、化学技术广泛应用于农业，从而改革农作物品种，收到提高产品产量、降低生产成本、保证食用安全的效果。印度农业合作经济组织的发展，明显的促进了印度农业科技的推广与运用。主要表现在两个方面，一方面，农业合作经济组织可以凭借自身较强的经济实力，通过引进、实验和自主研发等方式传播农业适用技术和科研成果，加速农业科技成果的推广和转化。农业合作经济组织还通过对社员提供质优价廉的农业物资促进优良粮食作物新品种的引进和推广，化肥和农药的广泛使用，尤其是生物肥料和生物农药的研制和推广，确保作物良种稳产高产。比如印度农民化肥合作社就是一个规模庞大的合作经济组织，它以比较优惠的价格向社员出售高品质的化肥和生物肥料。另一方面印度的农业合作经济组织凭借与农民的天然联系，通过对广大农民社员的示范、教育和培训提高了农民的专业技术水平和农业发展的科技含量，从而成为促进农业科技的推广与运用,实现农业现代化的重要依托。通过农业合作经济组织的教育和培训功能的发挥,可以使农民在科技推广、分工协作、组织管理、市场营销和对外联系等方面得到锻炼,有利于提高农民的科技意识、营销意识和合作精神,提高市场适应能力、接受新事物的能力。这对于改变农民传统而又落后的农业生产方式作用是明显而直接的。

(二) 促进农业的产业化

农业产业化是指以市场为导向,依靠农业合作经济组织,发展农业企业,将生产、加工、销售各环节有机地联系起来,实现一体化经营。这是农业走向市场的有效组织形式,也是实现农业现代化的重要途径。[①] 作为实现农业现代化的必由之路,农业产业化既是农业生产经营的机制创新,又是农业生产经营的组织创新。通过合作经济组织把农民组织起来,可以有效地促进农业产业化发展,把农业产业结构调整提高到一个新的水平,实现良性发展。因为农业合作经济组织具有经济性、专业性、规模性和兼容性的特点,能把农业发展过程中的一家一户的个人行为,变成千家万户的集体行为。农业合作经济组织按照市场需求信息和规律,统一规划,规模经营,专业化生产,企业化管理,从而形成产品和产业优势,提高市场竞争力,有力地促进区域特色经济的形成和发展。农户加入到农业合作经济组织,实行生产、加工、

---

① 宋登卯:《印度农业现代化的成就》,《湘潭师范学院学报》(社科版),2006年第3期。

销售的一体化模式，形成完整的生产、加工和销售产业链，不仅可以让农民获得出售农产品的直接收益，而且可以让农民通过农业合作经济组织的再分配机制，获得产后环节的收益，增加额外收入，实现生产、加工、服务、品牌之间的有效对接，实现工业与农业、城市与农村的良性互动。合作社还通过为农民提供产前、产中、产后服务，提高生产专业化水平，为小规模经营的农户进入国内外大市场开辟了道路。同时，农业合作经济组织通过要求社员按照严格的生产技术规程进行生产，提高了农产品的质量和标准化水平，增强了市场竞争力。印度合作社联盟主席指出："单纯收购农产品，然后出售农产品，只能维持比较低的赢利，对农产品进行加工，就可使增值空间扩大70%。即使拿出35%返还社员，合作社仍可留下35%用于改善职工福利，发展合作社事业。"[①]

（三）促进了印度农业的计划性，推动了农业生产的顺利进行

印度农业和农业合作经济组织的一个重要特点就是，政府对农业和农业合作经济组织干预程度很深，而农业合作经济组织凭借其和政府以及农民的密切联系，在推动政府扶持农业方面发挥了重要作用，成为了政府推行农业计划的一个重要工具。农业合作经济组织的建立和发展，使印度政府对农业政策的解释、宣传

---

① 黄步军："印度合作社：广泛社会基础和庞大系统网络"，中国农业科技推广网，http://www.agricoop.net

以及实施都变得容易起来，因为农业合作经济组织在民主与自愿的基础上为广大的农民提供了一个参与的渠道。农业合作经济组织从生产和生活各个方面把个体农业经营者组织起来，积极配合政府贯彻和执行农村发展战略、方针和政策。政府也因此可以有效降低调查、研究、管理和组织成本。在很多国家，农业合作经济组织已普遍成为政府指导、干预农村经济，稳定社会的工具。因此，农业合作经济组织的各种活动深深地影响着印度的农业政策。印度政府推行的乡村建设计划、农村综合发展计划等，都与农业合作经济组织有组织的活动密切相关。农业合作经济组织在稳定市场、实行计划生产和销售方面，一直起着先锋作用。此外，在新技术推广、新设备采用、人才培养等方面，农业合作经济组织也起着良好的组织作用。印度政府也常常采取授权，通过让农业合作经济组织成员参与决策等多种措施来加强农业合作经济组织在印度农业发展中的重要作用。例如印度政府为了缓解国内洋葱供应紧张状况，平抑洋葱零售价格，授权印度农业合作销售联合会负责进口洋葱。政府的很多惠农措施也通过农业合作经济组织来实施。总之，印度政府在履行国家职能时总是尽力寻求农业合作经济组织的参与，农业合作经济组织已经成为政府实施农业战略主要载体。

（四）降低农业经营风险，促进农业稳定发展

在国民经济各部门中，农业与自然的关系最为密切，因为它不仅以自然界作为生产的环境，而且还以一定的生态系统作为其生产过程的重要组成部分。这决定了农业生产经营活动最根本的

特点在于自然再生产与经济再生产的相互交织。这一本质特点规定了农业生产经营对农业自然环境及社会经济环境的双重依赖，也就是说，自然环境与经济环境格局构成农业生产的立命之本。农业生产这一内在特点，决定并派生出农业生产经营活动的其他许多特点：生产的季节性强、生产周期长、地域分布广、资产专用性强等生产性特点，以及农产品的鲜活易腐性、流通过程的生产延续性、流通半径的有限性、生产与消费分散等产品特性及流通特点。农业生产经营的这些特点不仅揭示了农业经营风险的来源，同时决定了农业经营风险的特点。① 对此，也可以作出这样的概括，农业面临着自然和市场双重风险。面对自然风险，其主要的管理手段为农业保险，而市场风险则通过政府的农业政策加以管理，而农业合作经济组织则具有自然风险管理和市场风险管理的双重职能。

在英、法、日这些农村互助合作历史悠久、组织规范的国家，都实行了农民相互保险的农业保险体制。在印度有很多农业合作经济组织开始经营保险业务，他们组成了一些相互保险组织，经营其社员的保险业务，为了分散风险，稳定财务状况，各合作保险组织联合组建大型的相互保险组织。这些组织通常会向社员预报灾情，灾后及时帮助社员进行抗灾自救，并提供资金支持、技术指导、信息服务。而面对市场风险则通过合作避免贵买贱卖，增加农民的发言权，通过加工，增加附加值来加以规避。这样就既达到自然风险管理的目的，又可以转嫁、分散市场风

---

① 孙良媛：《经营环境、组织制度与农业风险》，中国经济出版社，2004年版，第115页。

险。这种农民自助保险制度具有很多优点。一是减轻了政府的财政负担,也就减少了纳税人的税收负担;二是合作保险组织的社员既是参保人,又是保险人,可避免"道德风险"和"逆向选择",提高农业合作经济组织的运作效率;三是合作保险组织的管理者,也是其生产者,对生产状况及灾害程度十分了解,赔偿程序简单、节约交易费用;四是农业合作经济组织比单个农户更具谈判实力,农户的呼声或要求能够引起政府的重视,因此,农民的利益受到侵害的情况发生的概率低,从这个意义上,农业合作经济组织还具有减少制度风险的作用。

在社员面对自然灾害或者由于自身服务而产生一些风险时,印度的农业合作经济组织都会采取积极的措施让损失降到最低,并给予一定的补偿。比如印度农民化肥合作社在向农民销售化肥的同时,就免费向每户购买化肥的农民提供保险,如果因为使用的化肥而遭受损失,每 50 千克化肥可以获得 4000 卢比的风险补偿,最多可获 10 万卢比。印度农民化肥合作社还与银行合作,通过抵押信托的方式,为农民提供农业贷款,比直接找银行省去 13.33% 税。印度农民化肥合作社还设立救助基金,用于灾害时救助社员。仅 2004—2005 年度,它就帮助了 420 个贫困村庄。[①]

(五) 促进农产品市场稳定

近年来,随着市场经济在农业领域的不断发展,农产品生产

---

① 郭晓茹:《印度农民化肥合作社印象》,《江苏农村经济》,2008 年第 5 期。

的价格风险也不断增大,部分农产品价格频繁出现大幅度非理性波动,表现为大幅度非理性波动的农产品价格风险使农业生产者预期收益的不确定性大大增加,这种不确定性也增加了农业生产决策与融资的难度,对农业发展产生较大影响。因此,如何规避市场风险,保障农产品价格的稳定,提高广大农民收入,维护消费者利益,促进宏观经济健康发展,将是各国人民关注的重点。作为农业大国,在面对这样的问题时,印度根据本国实际情况充分利用农业合作经济组织这一有效组织形式通过模化种植,农业科技的推广,提高农业生产效率;通过市场化管理、一体化经营,提高农民的市场竞争能力和商业谈判地位,减少经营风险,降低经营成本,对促进印度农产品价格稳定发挥了积极作用。

除此之外,印度通过农业合作经济组织经营的直销化平价商店等方式也在一定程度上促进了印度农产品市场的稳定。通过经营大量平价商店这样的方式,不仅可以让穷人能够以较低的价格买到粮食和其他印度农产品,而且在一定程度上降低农产品的价格起到积极的作用。泰米尔纳杜邦的平民供应合作社就是一个典型的例子,他们通过 21644 家平价商店这一庞大的销售体系把一些生活必需品和农产品分发给 1680 万的会员。除此之外,该合作社还经营了 5602 家部分时间开业的平价商店,以及 36 家可以移动的平价商店,以给那些偏远地区的家庭提供服务。[①]

---

① Agricultural Marketing & Agri-Business,http://agritech.tnau.ac.in/agricultural_marketing/agrimark_Cooperatives.html

第五节 简要评价

独立后,为了发展农业,印度政府实施了农业发展的制度战略。但遗憾的是作为制度战略重要内容,被尼赫鲁寄予厚望的土地改革失败了,而乡村建设计划的作用也非常有限。为此,印度政府只有将发展农业,解决粮食问题的重要任务寄希望于农业的合作化运动。事实证明,农业合作化运动对于促进农业科技的推广与运用,促进农业的产业化和规模经营,促进农业的可持续性发展,降低农业经营风险等都发挥了重要的作用。这都大大有利于农业的发展,印度的农业也取得了较大的进展。

但是,印度的农业合作化运动也还存在不少的问题。比如印度政府在农业合作经济组织的发展过程中干预过度,农民还缺乏合作的意识和动力,合作化在范围上还存在着不平衡等。这些问题的存在,限制了农业合作经济组织在印度农业发展中发挥更大的作用,加上农业本身存在的缺陷导致了印度农业的发展仍然比较落后,农业现代化还有很长的路要走。不过,随着这些问题的解决,在不太遥远的将来,印度的农业将会伴随着印度经济一起实现持续、快速的增长。

第八章　农业合作经济组织与印度农村发展

世界各国的历史经验表明,一个平衡的社会不仅必然有公共部门(政府部门)和私营部门(企业部门)的发展,而且还必然有社会部门的发展。这样,公共部门、私营部门和社会部门各种组织功能互补,三足鼎立的社会才会是平衡的、稳定的、可持续发展的社会。合作社是兼具企业部门和社会部门功能的组织。它们首先是企业,同时具有社会功能,因而是具有社会功能的企业形态。他们的社会功能是通过企业经济活动实现的。合作社对经济增长和社会发展的作用是其他任何部门或企业形态不可替代的。[①] 以合作社为代表的农业合作经济组织对于当前印度存在的"三农"、就业等诸多紧迫社会问题的解决或缓解,也大有用武之地。

---

① 唐宗焜:《合作社功能和社会主义市场经济》,《经济研究》,2007年第12期。

第一节 农业合作经济组织与反贫困

(一) 印度农民的贫困状况

经过二十多年的改革开放,印度的社会和经济都发生了很大变化,最近几年经济保持较快的增长,2012—2013 年度的国内生产总值已达 1.84 万亿美元,人均国内生产总值已达到 1322 美元,国际影响力大大增强。但是,和中国一样,印度也存在由农村、农民、农业构成的"三农"问题,农业是弱势产业,农村是弱势地区,农民是弱势群体,其中农民问题是关键。农民问题的核心在中国是增加农民收入的问题,在印度由于土地的私有化,农民所占土地差距很大,占农户总数 1.3% 的最富的大农拥有 14% 的土地,23% 的农户是佃农与半自耕农的混合,而占总数 60% 的最穷的小农只拥有 1% 的土地,其中约 1/4 的农民没有土地。这种土地金字塔式的所有制结构,使印度农民问题的核心变成了减少贫困问题。

对于一个人口数量已超过 12 亿的国家来说,印度仍是一个农业国,印度农村人口在总人口中依然占到 72%,有 8 亿多人生活在农村或从事与农业相关的产业,2011—2012 财年农业总产值占国内生产总值的 14.1%,2012—2013 财年这一比例下降到 13.7%[①]。虽然通过改良土壤、优化种植技术的"绿色"和"白色"革命,印度农业保持了较为稳定的增长,并基本解决了 12 亿人口的吃饭问题。印度农业现代化也有了长足进展,但仍未摆脱"靠天吃饭"的现状,发展很不稳定。工业最近几年虽然有了很大的进步,但总的来说发展速度还是很慢,还远远不足以吸收农村和城市大量的剩余劳动力。服务业发展速度很快,但对贫苦劳动人民尤其是农民的影响和帮助极其有限,再加之印度人口的增长速度较快,这些导致了印度经济在快速发展的同时仍然有大量的贫困人口存在。根据印度计划委员会 2012 年 3 月公布的数据显示,按照全国农村平均月消费 672.8 卢比、城市 859.6 卢比的贫困线标准,从 2004—2005 年度到 2009—2010 年度,印度贫困率从 37.2%下降到 29.8%,贫困人口从 4.07 亿人减少至 3.55 亿人[②]。但对于这一数据,印度很多媒体都提出质疑。印度最高法院食品专员比拉吉·帕特纳伊克则抨击说,计划委员会的最新数字是对穷人的侮辱,这完全不切实际。[③] 而根据联合国每人每天生活费 1.25 美元的极度贫困标准,世界银行 2013 年 4 月发布的对极贫状况的最新分析报告显示,世界上仍有 12 亿人口生活在极度贫困状态,其中印度占世界极度困贫人口的三分之一(比 1981 年的 22%出现上升)。[④] 贫困引发了恐怖活动猖獗、农民自

[①] Annual Report 2012—13, NABARD, https://www.nabard.org/english/allpublication.aspx
[②] Planning Commission, Government of India, http://planningcommission.nic.in/
[③] "印贫困人口'大幅减少'5000 万",新华网,http://news.xinhuanet.com/world/2012-03/21/c_122863213.htm
[④] The World Bank: http://www.shihang.org/zh/news

杀等诸多社会问题，2011年7月，根据印度国家犯罪统计局发布报告显示，2011年印度全国范围内共有14004名农民自杀。印度总理辛格在60周年独立日演讲中也毫不掩饰地说："尽管我们实现了强劲的经济增长，但贫困和失业并没有消除。印度的真正独立在于消除目前的贫困。"

（二）印度农民贫困的原因

印度为什么会存在如此众多的贫困人口呢？原因是多方面的。第一，土地改革的不彻底。在独立后不久的1949年，印度便开始实施土地改革。但印度的土地改革就其深度、广度及彻底性而言，效果实在很差。土地制度改革不彻底，致使绝大多数土地仍被地主和富农实际占有，而大多数农民则主要依靠租佃大地主和富农的土地。土地问题一直是制约印度农村发展的根本问题。土地改革至今，农民所占土地差距仍然很大。土地分配不公严重影响了印度农业增长和农民收入的增加，许多农民基本生产和生活条件无法正常满足，而且也很难从银行等正常渠道获得基本的发展资金，只好向高利贷等地下金融或者非正式部门获得资金，但是最终却因为高息或者家庭债务急剧上升而陷入贫困。[①] 在印度，失败的土地改革除了导致产生大量生活贫困的无地和少地的农民之外，还因此存在着为数不少的为法律所禁止的"契约劳工"，他们是"契约劳动"制度的产物，是印度农村中最为贫

---

① 权衡："中国印度收入状况的比较"，http://www.ce.cn/frontpage/hotsport/pl/200709/23/t20070923_13007336.shtml

困的人。所谓"契约劳工",就是一个人向另一个人借钱时,订立书面或者口头合同,债务人同意通过为债权人劳动的方式偿还债务。债权人不仅可以通过这种方式肆意剥削债务人,并且其"契约"对债务人的直系亲属也形成约束力。由此债务人的子女生来就有可能成为契约劳工,而且可能由于债权人的无理剥削而导致形成世世代代还不清的债务。①

第二,非农部门发展缓慢。众所周知,发展中国家的经济结构呈现出一种二元特征。其典型表现就是一方面存在着一个相对先进的非农业部门(工业部门和服务部门),另一方面存在着一个相对落后的传统农业部门。非农业部门和农业部门是相互联系的。如果工业等非农部门发展迅速,就会从农业部门吸收更多的剩余劳动力,使他们离开土地,由农民变为工人。反之,如非农业部门发展慢,吸收的农村劳动力就少。②从独立以后到1990年,印度经济增长率平均只有4%,被称为"印度教徒式"的增长速度,即使是1991年改革以后到2001年所谓的快速增长时期,增长率平均只有5.9%。工业最近几年虽然有了很大的进步,但总的来说发展速度还是很慢,还不足以吸收农村和城市大量的剩余劳动力。软件业发展速度很快,但也只能使大约200万的知识精英就业,对贫苦人民的影响和帮助甚微。印度的经历证明,非农部门这样的发展速度、发展规模和以服务业推动的经济发展模式还不可能把大量农村剩余劳动力转移到非农业部门中。由于在非农业部门中得不到充分的就业机会,印度农村中新增的

---

① 王晓丹:《印度贫困农民的状况及政府的努力》,《当代亚太》,2001年第4期。
② 殷永林:《当代印度农民经济的分化》,《南亚研究季刊》,1999年第1期。

大部分人口只有继续依赖土地和农业生产，导致小农、边际农数量增加，这些就成为了新的贫困人口。还有一些农村无地农民仍然希望到城里去寻找新的机会，结果往往是流落街头，成为新的城市贫民和乞丐。

第三，资金缺乏，农业投入不足。世界银行2008年发表的"以农业促发展"为主题的《世界发展报告》指出，对于最贫困人口来说，农业带来的GDP增长产生的减贫效益至少四倍于其他部门带来的GDP增长。这份世界银行发展报告还指出，如果不改变过去20年对农业和农村部门的支持和投资不足的问题，到2015年把极度贫困和饥饿人口减少一半的国际目标将无法实现。从这份报告可以看出，增加农业投入对减少贫困所起到的重要作用。然而遗憾的是，由于缺少增加农业投入的诱导机制，再加上农业投入资金来源渠道的缺失，所以印度农民对于农业投入并没有大幅的增加。农业资本形成作为农业领域投资的一个重要指标，近年来的数据也不容乐观，虽然印度农业资本形成占农业GDP的比例从2006—2007年度的14.9%增加到2011—2012年度的19.8%。但是与总体资本形成而言，农业领域的比例还是很低的。公共部门在农业和相关行业的资本形成中的比例从2006—2007年度的25%下降到2011—2012年度的15%，在第十一个五年计划中，公共部门的对农业投资占农业GDP的比重也从2007—2008年度3.5%下降到2011—2012年度的3%。[①] 从农民个体层面来说，资金来源渠道的缺失使印度大多数农民没有能

---

① Annual Report 2012—13, NABARD, https://www.nabard.org/english/allpublication.aspx

力对土地进行较大的投入。印度的农民尤其是小农和边际农没有或仅有很少的积蓄,而农村信贷机制的不完善,使他们很难得到资金上的支持对土地进行持续的投资。而对零散化的土地进行投资的高风险和高成本,也使农民不愿意增加农业的投入。此外,印度还存在着很大比例的佃农,他们租种地主的土地,更加的贫穷,而且随时都有被夺佃的危险,他们更是没有对土地进行大量投入的意愿。资金缺乏、农业投入不足导致了印度土地生产率和劳动生产率的低下,这样的结果对应的是产出的低下,农民的生活将依然贫困。

第四,人力资本的投入不足。一个国家工业、服务业等非农产业的发展,以及农业的产业化发展是解决贫困问题的根本之道,但这必须依赖于良好的人力资本环境和条件,依赖于教育的普及,劳动力素质的提高。印度非农产业中的工业发展缓慢,一方面是由于印度政府的产业政策和基础设施落后等内部因素的制约;另一方面也是由于农村落后的基础教育以及劳动力素质低下,人力资本的投入明显不足,劳动力队伍中文盲的比例居高不下,这导致了印度农村内部非农产业发展缓慢,农村的反贫困战略屡屡受挫。印度传统文化中的一些负面因素比如种姓制度在农村地区还大行其道,这大大阻碍了人员、技术和资源等在农村地区的自由流动。低下的劳动力素质,陈旧、保守的观念,落后的文化糟粕的影响,资金的缺乏,产业体系的缺陷都导致了印度农村地区发展缓慢,农民的贫困都没有得到根本的缓解。

(三) 农业合作经济组织对解决贫困问题的作用

1. 改变农民在市场竞争中的弱势地位，减少交易成本，增加农民收入

印度农民贫困问题十分严重，城乡、地区和贫富差距持续扩大，农村经济、社会发展明显滞后，一个重要的原因是农民的组织化程度偏低，在市场交易中处于弱势地位，在市场经济中，分散状态下的农民不可能有真正的谈判权力，在农产品销售这一环节利益极易受到伤害。农业合作经济组织正是改变这种状况，解决这个问题的有效组织形式。农业合作经济组织能够把一盘散沙的个体小农有效地组织起来，大幅度提升经营规模和经济实力，这样他们就可以在农产品销售、购买价格谈判上有相当的发言权。他们在购买饲料、种子、化肥、农药等生产资料时可以选择比较可靠的供应商，从源头上控制质量；另外通过农业合作经济组织还可以降低销售价格，减少交易成本。这主要体现在两个方面，一方面农业合作经济组织直接从批发市场或生产厂家批量购进生产资料，作为一个集体，批量购进生产资料时在价格上更有发言权，因此可以和生产企业进行谈判从而获得很低的价格。有的农业合作经济组织本身就是销售性的，它们大多建立了自己的工厂，可以直接向社员提供便宜的生产资料。比如印度农民化肥合作社就有 5 家化肥工厂，它通过遍布全国的合作社体系以较低的价格向社员和其他农民提供各种化肥和生物肥料。另一方面通过组建或加入农业合作经济组织，分散的农民与企业之间的多次谈判就简化为一次谈判,企业与农户之间的关系也得以简化和固定化,而且农业合作经济组织与加工者、销售者通过批量、稳定的交易,减少了中间环节,降低了外部交易成本。而在销售农产品时,农户通过农业合作经济组织来进行销售,往往可以卖到更好的价钱,获得更加稳定的收益。

印度的奶农就通过加入农业合作经济组织有效地降低了经营成本,在销售时价格更加合理。在印度,奶农的数量是庞大的,但大多数又是很贫穷的,据统计一些牛奶产区有57%的农户生活在贫困线以下并且缺少耕地。在这种情况下,奶农要想单独完成牛奶的收集、储藏、运输和销售,就需要花费更多的精力、时间和资金,这对他们来说是困难的。通过共同合作就可以将收集、储藏、运输和销售等一系列环节都交给农业合作经济组织完成。这不仅可以使奶农专心于奶牛的饲养,节约时间来从事其他农作物的种植或从事其他的兼业工作。而且农业合作经济组织的统一经营,有助于降低后续环节的成本,同时农业合作经济组织专职于销售,有助于他们搜集市场信息,开辟销售渠道,提高销售技巧,降低销售成本,获得稳定的收益。这明显改善了参与农业合作经济组织之前农民在商品交易中贵买贱卖的状况,更好地维护自己在市场经济中的基本权益。

2. 通过信贷合作社贷款,避免高利贷的剥削。

印度还通过信贷合作社向农民提供贷款,避免高利贷对农民的剥削,来减少贫困。信贷合作社能以很低的利率向农民提供信贷,是农村信贷最廉价和最好的来源。在2012-2013年的预算中印度政府对农业领域的支出预计是5.75万亿卢比,而实际上从商业银行、合作银行和地区农业银行流入的信贷资金却达到了

6.073万亿卢比，超出预算的6%，比上年增加了19%。商业银行的信贷达到总数的75%，合作银行的比例为15%，而地区农业银行的比例为10%。虽然合作银行提供的比例偏低，但是它往往以小农和边际农户作为其主要的客户。[1] 在占全国合作社总数的24.2%的14.79万个信贷合作社中，有邦级合作社银行31个，支行997个。信贷合作社提供的贷款占整个农业信贷的16.9%，短期信贷的20%。[2] 信贷合作社的发展打破了高利贷者在农村地区的垄断地位，大大减少了高利贷者对农民的剥削。信贷合作社的根本目的始终是帮助农民提高生产率和最大限度地增加收入，所以利率很低。贷款的期限也因贷款使用目的的差异而有很大的不同，比如为了购买种子、化肥等数额较小的生产性投入时就由信贷合作社给农民提供一些短期和中期的贷款。而为了改良土地、购买贵重农具、建筑水井等大额的生产性投入则由土地开发银行提供可以达到10-16年，最长可以延长到20年的贷款。如果遇到自然灾害导致农作物重大损失，农民无力按期偿还借贷的，农民到期的短期生产性贷款就可以转变成中期贷款。这样合理而人性化的制度性安排，对于需要资金支持的广大中小农户来说，无疑是非常必要的。

---

[1] Annual Report 2012-13, NABARD, https://www.nabard.org/english/allpublication.aspx
[2] Indian Co-Operative Movement-a statistical profile 2012, http://www.ncui.coop/pdf/Indian-Cooperative-Movement-a-Profile-2012.pdf

耕种者从高利贷者和合作社的借贷（百分比）

1961—1962	1961—1962[1]	1971[2]	1981[2]	
高利贷者	69.7	49.2	36.1	16.1
合作社	3.3	2.6	22.0	29.9

资料来源：1.《全印债务和投资调查》，1961—1962年度。

2.《全印债务和投资调查》，1981年。[①]

3. 转移剩余劳动力，使农民从非农产业中获得更多收入

减少贫困，提高农民收入有很多解决之道，但尽快大量转移农村的剩余劳动力，使农民能够从非农产业中、从城镇中获得更多的收入无疑是一个非常重要的方式。农业的根本出路在于农业的非农产业化，农民如何争取更多的高收入就业，这就需要农民组织起来在资金、技术、劳动力、设备以及管理等方面形成合力，建立更多高效、规范的企业性质的生产和商业主体，与社会上的其他生产、经营性商业组织展开竞争，实现在非农领域增加就业、促农增收的目的。实践中印度各地农村出现的加工合作社、运输合作社、销售合作社等，都为农民在非农领域取得发展优势，发挥了重要作用。此外，农业合作经济组织的农产品加工企业和农用物资制造企业，大多设在产地附近，这对农村经济的发展和农业剩余劳动力的就地转移发挥着重要的作用。印度由于实行土地私有化制度，很多农民没有土地或者只有很少的土地，他们就只有去做农业工人或者在农闲的时候去寻找一些兼业的工

---

① 转引自〔印〕鲁达尔·达特，K. P. M. 桑达拉姆：《印度经济》，四川大学出版社，1994年版。原表还包括亲戚、朋友等非组织借贷项目的统计和政府、商业银行等组织借贷项目的统计，本节为了说明信贷合作社向农民贷款而减少了高利贷者对农民的剥削，所以只列出了这两部分加以对比。

作,而农业合作经济组织开办的一些加工企业就为他们提供了这样的就业机会。可靠的证据显示农业收入在印度农村总收入的比重从20世纪70年代的74%下降到2010年度的30%。超过42%的农村家庭从非农渠道获得收入,这些非农渠道包括制造、电力,天然气、建设、采矿、采石、运输和其他服务。[①] 而这些非农收入机会有很大部分的比例都是由相关的农业合作经济组织开办的加工厂、销售合作社、运输合作社等提供的。

第二节　农业合作经济组织与就业

(一) 印度就业现状

自人类社会步入工业社会以来,失业问题一直困扰着世界各国政府。凯恩斯提出的充分就业目标,显然是一个可望而不可即的理想目标。许多经济学家对失业问题进行了深入研究,并创立许多解决失业问题的理论,建立了许多解决失业问题的模型,提出许多解决失业问题计划、政策和措施。但失业仍像瘟疫一样在全球蔓延。在印度,失业和贫困也是长期以来难以解决的问题。这两个问题不仅严重阻碍了印度的经济发展,而且对政治社会生活产生消极的影响。这两个问题又是互为因果。失业带来了贫

---

① Annual Report 2012—13, NABARD, https://www.nabard.org/english/allpublication.aspx

困,贫困加深了失业。印度失业人口不仅数量众多而且呈上升趋势。印度计划委员会在《第十个五年计划》文本中公布,2001年3月全国总人口为10.263亿人,其中劳动力总数为34336万人。在劳动力总数中,失业人数为3486万人,失业率为9.21%。① 而根据印度劳工局2012年的调查显示,2011-2012财年印度失业率为3.8%。农村地区、城市的失业率分别为3.4%和5%;女性失业率为6.9%,男性为2.9%。② 对于这一统计数据,很多专家学者认为,统计数字是低估的。它显然没有反映印度农村庞大的失业和半失业队伍。根据著名投行摩根士丹利最新出台的报告《中国与印度:亚洲之虎》指出,印度失业人口的实际数字比这个官方统计要更多。如果根据就业质量来调整官方数据,失业人口将高达8000万人。③ 失业率将高达20%。印度庞大失业人口中的70%在农村地区,其中包括处于半失业状态的无地农民、少地农民和小手艺人。对土地的需求随着人口的持续增长而不断增加,人均土地占有量日益减少。有限的土地已经不能解决不断增加人口的就业,大量的多余劳动力实际上经常处于一种半就业状态。

(二)原因分析

失业在所有的资本主义国家都是无法医治的顽疾,这是资本

---

① 印度政府:《第十个五年计划》,第169页。
② "2011-2012财年印度失业率为3.8%",中国驻印度使馆经济商务参赞处,http://in.mofcom.gov.cn/article/jmxw/201207/20120708223964.shtml
③ "亚洲之虎中印挑战:中国压力在农村印度头痛失业",新华网,http://news.xinhuanet.com

主义社会制度本身固有的经济规律所决定的。① 印度作为资本主义国家，它也要受这一经济律规的作用和影响，失业同样对它是不可克服的社会弊端。但除了这一社会制度的根本原因外，印度主要有两方面特殊原因从而使它的失业问题更为突出、更为严重。

1. 印度人口在独立前增长比较缓慢，独立后则大幅快速增加。

在 1891-1921 年间，印度人口从 2.36 亿增长到 2.51 亿，30 年中增长了 1500 万，年均增长率仅为 0.21%。在 1921~1951 年间，印度人口从 2.51 亿增长到 3.61 亿，30 年间增长了 1.1 亿，年均增长率为 1.22%。在 1951-1991 年的 40 年间，印度人口从 3.61 亿增长到 8.44 亿，绝对增量达 4.83 亿，年均增长率高达 2.15%，尤其是在 20 世纪 60 年代和 70 年代，年均增长率更高，分别为 2.24% 和 2.26%。② 近年来，印度人口的增长率和增长的绝对人口数量已超过中国，2006 年的人口已达 11.12 亿，2012 年，印度人口以达到 12.37 亿，估计在 10 年左右印度的总人口可能将超过中国，成为世界第一人口大国。迅速增加的一个直接后果是劳动力的急剧增加。1961 年劳动力为 1.36 亿，1971 年增加到 1.94 亿，1976 年增加到 2.13 亿。1981 年增加到 2.47 亿，1981 年比 1961 年增加了 1.11 亿，即增长 81%。目前印度的劳动力近 7 亿，而且增长速度很快，国际劳工组织 2010 年 7 月发表报告指出，印度即将成为全球劳动力数量增长速度最快的

---

① 锋均：《印度失业问题》，《政治研究》，1985 年第 2 期。
② 于海莲：《印度人口增长状况分析》，《亚太研究》，1992 年 2 期。

国家，预计未来 10 年内印度将新增劳动力 1.1 亿人，成为全球劳动力最丰富的国家。庞大的劳动力主要还是存在于农村地区，这将为印度的就业，尤其是农村地区的就业提出更大的挑战。劳动力的急剧增加必然导致劳动力市场的供过于求，甚或加重这一不利的局面，大批未能被吸收的富余劳动力必然失业。这种周期性失业人口的不断增加，大量长期失业人口的存在等问题，对于印度这样人口众多、生产力发展缓慢、产业结构不合理的国家是很难以在短时间内予以解决的。

2. 偏低的投资增长和畸形的投资结构

较低的投资增长是印度失业率高居不下的一个重要原因。著名投行摩根士丹利的经济学家就认为"虽然近年来印度外来投资较过去几年均有所增长，但是相对满足就业水平而言，这种投资增长仍然过缓。如果要保持经济以 8%—9% 的速度持续增长的话，投资总额占 GDP 的比重应该从目前的 28% 提升至 33%—37% 的水平。"[①] 较低的投资增长就意味着政府用于公共设施建设、产业发展等方面的投入不足，这对增加就业本身就增加了难度。一方面印度的投资增长过慢，而另一方面有限的资本却没有合理的分配。在农业领域，印度政府减少了对农业、农村发展等方面的投资，私人部门对这一领域的投资也几乎没有任何的意愿。但是对服务业，由于政府的鼓励和良好的发展前景，印度政府、私营企业对高科技产业、IT 业和软件服务却扩大了投资规模。但这些领域由于产业链的延伸效应很差，不能带动相关产业

---

① "亚洲之虎中印挑战：中国压力在农村印度头痛失业"，新华网，http://news.xinhuanet.com

的发展，而且这些行业的劳动力需要长期的资本投入，培养时间较长，这就导致就业机会的创造性较差，劳动力进入门槛高。在工业领域，印度把大量资金用于重工业的发展，而对轻工业重视不足，而进行了大量投资的重工业是资本密集型工业，它比轻工业提供的就业机会明显要少得多。国际劳工组织2010年7月发表报告也指出，为了吸收大量新增劳动力印度政府必须大力发展制造业和加工业。此外，印度对劳动力和就业等方面的投入偏低，2007－2008年度，印度对劳动力和就业的投入只占总支出的0.27%，2008－2009年度增加到0.28%，2009－2010年度为0.22%，2010－2011年度为0.24%，2011－2012年度为0.23%，2012－2013年度为0.28%。[1] 这样少的投入使印度劳动力得不到足够的培训，也没有更多的财力和物力去收集、分析、整理和发布相关的用工信息。印度政府还必须大力发展职业教育提高劳动者技能。

（三）农业合作经济组织对促进就业的作用

农业合作经济组织作为一种企业形态与经济组织，和其他形态的企业和经济组织同样具有生产性就业创造的功能。同时，农业合作经济组织由于其特性又具有其他企业形态和经济组织不具备的特有的就业创造和就业保障功能。据国际合作社联盟统计，全世界在一切类型和形式的合作经济组织工作的员工总数，超过

---

[1] Economic Survey 2012－2013，http：//www.indiabudget.nic.in/

跨国企业的员工总数。① 这个数据不包括不是合作经济组织员工的社员。

印度的农业合作经济组织主要是使用者合作经济组织。其对就业的贡献可以从两个方面进行分析，一方面印度农业合作经济组织在为社员服务的经营管理过程中就需要聘用大量专业化的管理人员和工作人员。另一方面，印度的农业合作经济组织通过服务也为社员创造了更好的就业条件。农业合作经济组织为农民开拓了农产品销售市场，或提供各种生产性服务，从农业的深度和广度上为农民开辟了更多生产门路，使农业生产容纳更多的劳动力。比如印度的奶业合作社，就通过为奶农社员提供各种服务为农民提供了大量的就业机会。到目前为止，奶业合作社为1296万农户创造了就业机会，其中无地者占10%左右，小农和中农占60%—70%。奶业合作社尤其是在给广大的农村妇女创造就业机会上起到了重要作用。在2006—2007年度，奶业合作社社员中妇女达到了340多万。通过参与合作社，印度近1300万奶农的收入和生活水平有了较大幅度的提高。据统计，印度农户平均收入的22.6%来自出售牛奶所得，有些地区比例更高，如在凯拉地区，农村家庭48%的收入来自于乳品业，大多数农村人口都以饲养奶牛作为辅助性职业。这些来自饲养奶牛的辅助性收入促进了农村经济的繁荣，提高了奶农的生活水平和社会地位。②在1976年关于农民就业的报告中，印度农业国民委员会评论说："农作物和动物养殖计划有最大的就业前景，这些计划最重要的

---

① Statistical Information on the Co-operative Movement, http://www.ica.coop.
② The Amul Pattern, http://www.domain-b.com

特点是给他们提供了辅助性的职业，在当地提供了有收益的就业机会，更好地利用了妇女和儿童的劳动力，这些计划中的大部分特别适合农村社区的弱势群体，为他们进行了农民收入的再分配。"① 印度奶业合作社的建立和发展为农民创造出大量的就业机会，为增加农民收入，减少贫困作出了突出的贡献。2004年，联合国赞扬印度奶业所取得的巨大成就时强调，牛奶产量的迅速增长有利于增加农村人口的收入和改善民众的营养状况。印度奶业协会主席班讷吉也曾自豪地说："奶业合作社是印度最大的就业工程，最大的扶贫工程。以奶业合作社为基础建立起来的牛奶产销流程是印度最大也是成本最低的创新成果。"②

第三节 农业合作经济组织与新农村建设

（一）提高农民的组织化程度，促进农村民主管理

农业合作经济组织的发展，提高了农民的组织化程度和农村的民主管理水平，成为了印度新农村建设的重要推动力量。印度农业合作经济组织的建立和发展，借鉴了国内外的历史经验、教训，遵循了国际办社原则，实行民主选举、民主管理、民主决策

---

① Achievements of dairy cooperatives, http://www.amul.com/achievementsdairycoop.html
② "最高产量下的最大就业和扶贫工程——印度：'让牛奶流成河'"，《人民日报》2006年1月10日第七版。

和民主监督。农业合作经济组织在政府的帮助和指导之下，制定各种章程，明确经理、理事会、社员代表大会职责，建立培训制度、财务管理制度，这些制度和章程都由合作经济组织通过集体讨论制定，领导和决策机构通过民主选举产生，重大问题投票表决，这样科学而民主的管理和决策方式实现了农业合作经济组织机制和企业制度的良好结合，再融合企业成功的管理模式，既提高了农民的组织化程度、农民生产经营管理水平，更重要的是提高了农民的参与意识、管理意识、民主意识和集体意识。通过合作社这样的自治组织，农民的合理利益诉求可以得到满足，成员的参与热情、民主意识也逐渐增强。农民在合作经济组织中培养出来的这些理念还可以运用于农村集体自治，促进农村地区的民主管理。

（二）推动了农村社区的建设与和谐发展

促进所在社区经济、社会、文化的协调发展，既是农业合作经济组织的一项基本原则，也是农业合作经济组织的一种基本责任。国际合作社联盟确定的七条合作的基本原则中，第七条即为关心社区事业。这一基本原则的提出明显有利于促进农村地区的和谐发展。农业合作经济组织是农村地区普遍熟悉和认可的一种经济组织形式，它以提高成员福利，促进农村地区经济、社会发展为其主要目标。国际合作运动在各国的实践也表明，农业合作经济组织在农村社区发展、教育、沟通政府、提供商业机会和社会事务管理等方面发挥了重要作用。同时还在增加农村就业、提高农民收入、促进农村地区商业发展、增加政府收入等方面对地方经济发展都有积极影响。事实也证明印度农业合作经济组织已经成为了促进印度农村发展的一个有力的工具。此外，农业合作经济组织对于推动印度农村基础设施的建设也作出了重要贡献。在许多地方，根据社员意见，经过民主讨论，农业合作经济组织拿出部分公益金来兴建校舍、医疗中心、图书室、道路和饮水设备等，促进了所在社区的发展。具有社区功能的农村住房、消费、保险、信贷、教育和医疗卫生等领域合作经济组织的发展，以及合作经济组织创办的企业使大量人群集中起来，大大促进农村人口居住就地城镇化发展。农业合作经济组织对小生产者和消费者权益的保护，使他们的生产得到提高，生活得到改善；特别是医疗、保险等合作经济组织，使农村弱势群众的基本保障得以建立起来，印度农村地区的社会保障体系在政府的帮助下也随之逐渐发展和完善。

（三）促进现代科技的普及、提高农民的素质

农业和农村现代化的实现，归根到底有赖于农民自身综合素质的提高。因此，必须加强对农民的教育和培训。对农民进行教育和培训的途径有很多，但发达国家的经验表明，农业合作经济组织本身就是一种学习型组织，是对农民进行教育和培训的最有效、最方便的媒介和载体。这种媒介和载体的作用主要体现在三个方面：第一，农业合作经济组织对社员进行教育和培训，有助于社员市场观念、集体观念和科技意识的形成。此外，农民在加入农业合作经济组织以后，尤其是销售和加工合作社，他们能够帮助社员以比较便宜的价格购买生产资料，比如改良种子、化肥

等，这些都有利于农业技术的改良。另外，农业合作经济组织还通过向社员提供技术服务，明显的增加了农民的科技知识和相应的劳动技能。

第二，农业合作经济组织还可以培养农民的民主意识和集体主义观念。农业合作经济组织与其社员的经济利益密切相关，每个农民都有根据自己的经济利益、经济要求参与民主决策，进行民主监督的主观愿望和内在积极性。广大社员通过"一人一票"等民主议事决策的方式投票来决定农业合作经济组织的重要事务，通过民主选举和民主管理直接参与合作经济组织的生产、经营、管理和监督，在这个过程中社员树立了民主、平等和公平意识。广大社员的民主习惯得到了培养，民主意识得到了提高；在这个过程中社员的自立、自救意识还得到了培养，同时创新意识和科学意识也明显增强了。由于有相同的目标，面临同样的困难，使农民成员常常相互交流，相互学习，共解难题，不仅提高了农民运用农业科技的能力和水平，还提高了农民相互理解、相互支持的合作意识。农民成员通过共同制定的各项规章制度，增强了遵纪守法的自觉性，培养了集体主义观念。

第三，农业合作经济组织还可以提高农民的思想觉悟和政治意识。合作运动是一场精神和道德革命。早在1916年，欧文主义者加拿大合作运动创始人乔治·基恩就说："合作制的目的是提高个人的道德水准。合作社是有史以来最伟大的道德运动，它促进了自尊和互敬，发展了独立性，它使人们学会相互依靠，它坚信，最高形式的幸福是为了所有人的利益而牺牲个人的利益。"[①] 1996年国际合作社联盟一百周年大会所总结的合作社价值就是，"自助、民主、平等、公平和团结，合作社社员信奉诚实、公平、社会责任和关心他人的道德价值观。"对于印度农民来说，通过参与农业合作经济组织，他们的道德素养得到了较大地提升，生活方式发生了较大地变化。比如在申请加入农业合作经济组织时就要求加入者不得有坏名声，不得沉迷于赌博或者酗酒，还要求加入者平时就是一个能尊重和照顾别人利益的人。此外，农业合作经济组织还教育农民，力图让他们改变一些不良的社会习俗，如结婚、宗教仪式期间的过度花费等。劝阻农民不要沉迷于昂贵的诉讼并力图通过农业合作经济组织来解决农村本身的是非争论。这些不仅有助于提升成员的道德地位，而且也有助于合作运动本身道德地位的提升。农民综合素质的提高，也有助于文明乡风建设和农村社会稳定。

（四）提高了农村妇女的地位

印度农业合作经济组织对于提高印度农村妇女的地位，作用也非常明显。这种作用主要是通过农业合作经济组织给妇女提供了更多的就业机会，从而增加了妇女的收入。妇女就业机会的增加主要体现在两个方面。一方面农业合作经济组织开办了很多的加工企业，这些企业很多都会聘用一些社员农户的妇女，在农产

[①] G. E. Britnell and V. C. Foeke, 1962, Canadian Agriculture in War and Peace, 1935-1950, Stanford Univer-sity Press.

品的销售中妇女往往也成为了主力军。印度甚至还成立了只有妇女才能参加的农业合作经济组织。另一方面，农业合作经济组织还通过对社员的服务，让妇女获得更多的就业机会。这样的机会主要体现在种植和养殖类的农业合作经济组织中。比如制糖合作社中甘蔗的种植很多都是由妇女来完成的。在奶业合作社中，妇女发挥了更大地作用。一般说来在印度农村奶牛主要由妇女饲养，牛奶的收集、交售等工作也主要是由妇女来完成。在有些地区，奶业合作社的相当一部分工作也已由妇女来承担。妇女掌握了可观的牛奶收入，这些收入可以满足大部分的家庭支出，因此，她们在家庭和社会上的地位相应提高了。此外，为了进一步发挥妇女在奶业合作社中的作用，国家乳业发展委员会在奶农中开展妇女发展计划，使妇女不断地参与到合作社的管理和决策。在国家乳制品发展委员会 2010 年远景规划中还将牛奶合作社的妇女社员增加到总数 60％，使她们成为具有畜牧业实用知识的决策者，并采取各种有效措施提高妇女参与各级合作社管理的力度作为重要目标。

第四节　简要评价

由于印度农业落后和人口众多，贫困和失业问题一直是印度经济发展过程中的两大社会顽疾。在这两大问题的困扰下，印度农民生活困苦，印度农村和农业落后而又发展缓慢。为了解决印度的"三农"问题，印度政府制定了很多的政策，采取了一系列的措施，农业合作化就是其中非常重要而又有效的一种制度和政策选择。合作化运动的推广增加了印度农民的收入,促进了印度农村经济的发展;提高了农民的组织化程度,促进了农村民主管理;推动了农村社区的建设和发展;提高了妇女的地位;促进了现代农业科技的普及,提高了农民素质,农业合作经济组织在印度的农村建设中发挥了重要作用。

但遗憾的是,由于印度独特的土地制度,农业合作经济组织只能在私有化和土地分配严重不平衡的"印度国情"下发展和运营。印度的农业合作化运动并没有改变印度土地的所有权结构,土地所有者虽然加入了农业合作经济组织,但仍然保有土地所有权。正如尼赫鲁在人民院讲话中指出,"记住:联合合作耕种并不意味着他们被剥夺土地,因为他们的所有权也将继续下去"。这些土地所有者可以从农业合作经济组织获得"产权股息",实际上等于获取地租,而无地的雇农和佃农仍然和以往一样,必须交纳一定份额的产品作为地租,他们仍受这些地主、富农的残酷剥削。这大大制约了农业合作经济组织在印度农村发展中进一步发挥作用。可以肯定的是,如果印度土地分配严重不均的状况得不到根本上的改变,印度农业、农村和农民问题将长期存在。

第九章　印度农业合作经济组织发展的经验、教训和启示

通过前六章的研究表明，印度的农业合作经济组织的发展有着一个比较长期的曲折的发展历程，其在发展的过程中积累了很多的经验，但也还存在不少的问题，对此进行分析和研究，以借鉴其相关经验。

第一节　印度农业合作经济组织发展的经验

（一）入社自愿、管理民主

根据国际合作社联盟制定的合作原则，合作经济组织是一个自愿的组织，不能强迫人们成为一个合作者。合作经济组织对所有能够利用它们的服务和愿意承担社员义务的人开放。合作经济组织应当做到对社员没有性别、社会、种族、政治和宗教的歧

视。合作经济组织是由社员管理的民主组织,社员民主管理的权利是通过社员大会体现出来的,合作经济组织的方针政策、重大决定和重要活动都要经过社员大会讨论决定。选举产生的代表,无论男女,都要对社员负责。在基层合作社,社员享有平等的投票权,其他层次的合作经济组织也要实行民主管理。在印度,2002年的《跨邦合作社法》规定,个人、合作社和政府所有或政府控制的公司等都可以成为跨邦合作社的成员。农民要想成为其社员,不同地区,不同类型的合作社,其规定是有差异的。在合作社的管理上,印度仍坚持一人一票的基本原则,在基层社组建联合社时,也基本上坚持一社一票。

(二)注重政府的扶持和推动

杜伯哈什提出的"国家与合作社之间是伙伴关系"的学说认为合作经济组织为实现自助目标,必须寻求外界的帮助,而外界的帮助主要来源于国家。[1] 他们认为合作经济组织之所以能够渗透到人们生活的方方面面,并在许多国家的社会经济发展中发挥重要作用,一个重要的原因是其背后有政府的立法和经济政策的支持和保护。而对于农业合作经济组织来说,它具有改善社员生产生活条件的公益性质,可以说是一种"公共产品"。正因为此,农业合作经济组织在市场经济中从来不是自发产生的,而是由愿意为公众提供服务、改变弱者生存条件的志愿者和政府推动产生

---

[1] 转引自张晓山、苑鹏著:《合作经济理论和实践》,中国城市出版社,1991年版,第44页。

的。印度合作运动始于1904年，距今已有一百多年的历史。在农业合作经济组织产生和发展的过程中，政府都发挥了重要的作用。20世纪初，当时的英印殖民政府也为了解决农民严重的饥荒问题、恢复农业生产，便于1904年通过了《信贷合作社法》。《信贷合作社法》的颁布标志着印度合作运动的兴起，它对印度信贷合作社的发展起了很大的推动作用。第一部法律颁布之后，为了克服信贷合作社的局限，1912年，印度又颁布了《合作社法》，1942年，印度政府又对《合作社法》进行了修订。这些法律的制定大大促进了独立前印度农业合作经济组织的建立和推广。

独立后，印度政府更加重视农业合作社的发展，在1950年印度制定的第一个五年计划中印度政府采取了一系列措施，促使合作社快速发展。印度的首任总理尼赫鲁十分看重农业合作经济组织对促进农业发展的作用。印度政府为促进农业合作经济组织发展，制订了发展规划和战略，加大财政支持力度，制定优惠的税收、信贷政策。印度邦级合作银行、县级中心合作银行以及初级信贷合作社等各级信贷合作组织，还包括向这些信贷组织提供贷款的农业农村发展银行，其资金构成的主要来源都是印度各级政府，信贷合作社成为落实国家农业政策信贷的重要渠道。在信贷政策上，根据政府的有关政策，银行向一些合作社企业提供的贷款利息以及租赁土地等方面也享有政策优惠。除了资金支持外，技术支持是印度农业合作经济组织发展的重要保证。印度政府设立了农村管理学院等研究和教育机构，为劳动力提供技术培训，为合作社提供受到过良好教育和专业化训练的管理人员，帮助合作社引进现代经营管理技术并实行专业化管理。印度政府在履行国家职能时还尽力寻求合作经济组织的参与，农业合作经济组织已经成为政府发展农业战略主要载体。

（三）实现合作化机制和公司制度的良好结合

现代合作社企业是按照现代企业制度和民主原则来进行管理的，这种现代企业制度要求将所有者和经营者、管理者的权力分开，既有利于保障社员的主人翁地位，保障合作的经营方向，又有利于提高现代农业合作经济组织的经营管理水平和市场竞争能力。印度的农业合作经济组织在管理的过程中就体现了这一原则。而且在经营的过程中，印度农业合作经济组织还将自己的发展同农业产业化统一起来，实现产、加、销等高度一体化模式，并创立自己的品牌，使农业合作经济组织的机制、发展优势和公司制度的灵活、自主、规范结合在一起，建立起了农业合作经济组织形式的大型商业企业。这种合作化企业是一个由社员选举产生的董事会和专家组成的具有合理决策机制的混合团体，它在没有干扰农业经济体系的情况下，为农业合作经济组织的发展提供了一个完善而又良性发展的自助体系。农业合作经济组织机制和公司制度的结合还为农业合作经济组织形式的商业企业提供了一个公平竞争的环境，因而印度农业合作经济组织能不断发展，规模不断扩大。

（四）重视宣传、教育和培训

面对激烈的市场竞争，农业合作经济组织的发展离不开高素质的专业管理人员和社员群众。农业合作经济组织的产品和服务能否在市场中受到欢迎，能否具有较强竞争力，这与管理人员和社员的市场意识、科技意识和创新意识息息相关。农民的合作意识与参与程度对于农业合作经济组织的生存发展也非常重要，它已成为农业合作经济组织生存发展的基础。因此印度农业合作经济组织非常重视对农民合作意识的教育和宣传，重视合作理念教育。每个跨邦合作社都要储存1%的资金到印度国家合作社联盟管理下的合作社教育基金，国家合作社联盟利用这个资金开展对社员的教育和培训，代表印度的合作运动，推动合作社事业的发展。[①] 农业合作经济组织还通过各种方式，让农民全面了解农业合作经济组织的宗旨、原则和业务，使农民认识到农业合作经济组织可以实现个体农民难以达到的目的，并为全体社员的利益服务。提高了农民对农业合作经济组织的信赖感，增强了加入农业合作经济组织的热情。在加强对农民进行宣传，对社员进行教育和培训的同时，农业合作经济组织还加强了对通过选举而产生的各级领导者和雇员进行持续不断地教育和培训，使他们对日常管理、加工、质量控制、账目的记录和所有其他的一些相关工作更加熟悉和专业化。这些教育和培训使他们逐渐形成一种对农业合作经济组织的责任意识和归属感。

（五）将农业合作经济组织作为解决"三农"问题的重要制度选择

自独立以来，尤其是实行经济改革20多年以来，印度经济

---

① Govindaraj Veerakumaran, "India", International Handbook of Cooperative Law 2013. p463.

包括农业和农村都有了很大程度的发展。但是,印度仍然也存在由农村、农民、农业构成的"三农"问题,为了解决这些问题,印度将农业合作经济组织作为解决"三农"问题的重要制度选择。

早在独立初期,面对极度恶化的"三农"问题,印度政府就希望通过土地改革,建立合理的土地制度,推行农业合作化运动和实施乡村建设计划来促进农业发展,以解决粮食危机,减少贫困,增加就业。然而由于土地改革的失败,乡村建设计划收效不大,在这种情况下,印度政府为了发展农业,在技术上就更多地寄希望于"绿色革命",在制度上则依托于农业合作经济组织的建立和推广。

从资源禀赋的角度来看,印度是一个人口众多,土地资源相对不足的国家,因此农民小规模分散经营的特征十分明显,在市场经济条件下,单个分散的家庭经营和市场的矛盾就尤其突出,要解决这样的矛盾,就需要通过农业合作经济组织把单个农户组织起来,建立产前、产中和产后相互联系,扩大生产和经营规模,以维护农民的合法权益,增加农民收入。

印度是一个人口和农业大国,由于其私有化的土地制度和土地分配的严重不均,导致了在众多的农业人口中存在着大量的无地和少地农民,然而由于印度的工业尤其是制造业不够发达,不能创造出更多的就业机会、吸纳更多的失业人员。因此,在印度农村存在着庞大的失业人口,农民的生活十分贫苦。为了解决失业和贫困问题,增加农民收入,印度政府选择了农业合作经济组织作为解决这一问题的突破口。在随后几十年中,农业合作经济组织在促进印度农业和农村发展等方面都发挥了较大作用,这也充分说明,将农业合作经济组织作为解决"三农"问题的制度选择的合理性。

第二节　印度农业合作经济组织发展存在的不足

(一) 政府的过度干预

从发达国家的经验来看,作为农业合作经济组织,其组织目标只能是通过建立一个富有成效的企业,为社员的经营或家庭提供能够有效增进其利益的服务。但是,由于农业合作经济组织的规模一般较小,经济实力有限,在完全自助的条件下,可能需要长期努力才能使一个农业合作经济组织具备足以与其他大型企业展开竞争的能力。这种情况自然不能为发展中国家所忍受,它们希望借助农业合作经济组织的组织形式,在尽可能短的时间内改变自己贫穷落后的面貌,希望通过政府强有力的支持,使农业合作经济组织尽快、更好地发挥作用。① 正是基于这样的原因,许多发展中国的农业合作经济组织在发展过程中受到了政府过多的干预。

印度的农业合作经济组织是 1904 年在政府的帮助下建立起来的,因此在农业合作经济组织发展的过程中必不可少的加入了

---

① 国鲁来:《农民合作社发展的促进政策分析》,《中国农村经济》,2006 年第 6 期。

政府的因素。在发展中国家,农业合作经济组织常常被政府视为实现社会和经济发展的工具,其行动常常被政府所控制,从而其作用就如同政府机构的延伸。印度政府在农业合作经济组织的发展过程中采用了各种可能的方式正确鼓励了合作运动的发展,然而却错误地把合作经济组织转换成一个政府部门,使之同政府部门的僵化和目光短浅结合在一起。其趋势是使合作运动更多的在官方的控制之下,很少发挥个人和农业合作经济组织个体的创造精神。农业合作经济组织强调的自力更生的精神没有得到发挥,而自力更生则是印度合作化的基石。政府更强调加快合作运动的步伐而非巩固它,政府没有充分的兴趣改善合作经济组织的财力,特别是农村信贷合作社,也不会太多地关注农业合作经济组织在帮助成员改善经济和社会状况方面到底发挥了怎样的作用,事实上它们已经成为政府巩固现存政权的重要工具。

(二)合作意识和动力的缺乏

农业合作经济组织通常被人们理解为"弱者的联合",弱者希望通过联合以对抗市场、资本的压榨和剥削。人们对农业合作经济组织总有一种不切实际的期待,总希望通过合作能获得较大的经济效益,加入农业合作经济组织以获得较好的经济回报成为许多农民参加农业合作经济组织的唯一动机。然而,在当前市场被资本垄断的背景下,农业合作经济组织面对的市场空间十分有限,其可获得的利润微乎其微。农业合作经济组织面对的实际上是一个他们无法把握的市场,他们无法突破已有的市场结构,从而使经营性农业合作经济组织回报率较低。有限的市场空间,自然难以满足大多数社员的期待。[1]

在印度人们对农业合作经济组织的规章制度、目的性和贡献都不了解，而且遗憾的是政府和社会没有在这方面作出更大的努力，人们更多的是对政府抱有期望，认为农业合作经济组织只是从政府那里获得利益和扶持的一种手段。由于缺少教育，农民中文盲众多，再加上农村政治的混乱和黑暗以及农业合作经济组织官员的选举受到种姓制度的影响和限制，政府官员的官僚态度，都使人们对农业合作经济组织的特点及其重要性缺乏了解。[2]

（三）功能的虚弱和管理的混乱

在农村地区，由于管理不善和领导不力，导致了许多农业合作经济组织的失败和破产。比如信贷合作社在发放贷款时就并不完全会考虑贷款者的需要，不考虑贷款者的归还能力，对贷款的归还没有制定较为详细的条款，在某些年份过期未付的贷款比例高达45%[3]。账目管理上的混乱，专业管理人员所形成的小圈子小集团使农业合作经济组织各层次之间缺少配合。此外，农业合作经济组织的工作存在裙带关系、偏袒和不公正。例如贷款和其他援助很容易流向富农和官员的亲戚和朋友，贫苦人民得不到什么援助。在资金上，农业合作经济组织对外部金融资源过分依赖。在专业管理人员和官员的选举上还深受印度种姓制度的限制

---

[1] 罗兴佐："农民合作社发展中的经验与问题"，http://bbs.people.com.cn/postDetail.do?view=1&id=3660454

[2] A. N. Agrawal, Indian Economy, Problems of Development and Planning, Wlley Estern Limited, 2004.

[3] 同上。

和影响,很多有才能的人不能得到选举和任用,农业合作经济组织的运转不能令人满意,优势没有得到充分的体现。管理上的混乱使很多的农业合作经济组织处在一种瘫痪和半瘫痪的状态。

(四) 资源的匮乏

伴随着印度经济的快速发展,印度农业合作经济组织有了较快的发展,但总体而言,印度农业合作经济组织在资源上是匮乏的。具体体现在,一是基础设施比较薄弱,在印度的很多地区尤其是农村地区,交通、通讯、电力等基础设施都相当缺乏。二是资金上的缺乏,这是合作运动的基本弱点之一。由于在农业合作经济组织的社员中储蓄并没有显著的增加,因此农业合作经济组织规模的扩大,甚至维持其正常的运转都必须依赖于大量的外部资源,过度的依赖必然造成其独立性的缺失。三是印度农业合作经济组织中存在的非正规选举,强有力的人力资源政策的缺乏,农业合作经济组织管理人员培训机构的缺乏等都必然会导致人力资源的缺乏。四是农业合作经济组织还没有形成强有力的信息及公关策略,以促进合作化的思想在群众中的传播。资源的匮乏导致了印度农业合作经济组织大多规模较小,目标单一,这些农业合作经济组织成员很少,他们的合作也仅局限于一两个村庄。

(五) 地区发展的不平衡

虽然印度全国共有 52.82 万个合作经济组织,2.28 亿户社员,运营资本达到了28564.3亿卢比。[①] 覆盖全国71%的家庭和几乎99%的乡村,分布在几乎所有的经济领域,并在其中许多领域拥有较高的市场占有率。农业合作经济组织经济已经成为了印度国民经济中的一支重要力量,是世界上最大的农业合作经济组织体系之一。但印度农业合作经济组织运动仍然不够充分,发展不够平衡,农业合作经济组织规模、发展程度上的差异很大。这主要是由于印度各邦经济发展水平相差悬殊。在农业经济发达的邦,如旁遮普邦等其他一些地方则以奶业合作社为其重点,农业合作经济组织发展迅速。反之,农业落后的邦,农业合作经济组织就发展得较慢,比如印度东北部地区的发展就相当缓慢。除了区域的分布上的差异外,农业合作社的发展也并没有使所有人群受益,比如绝大多数表列种姓和表列部落就游离于农业合作经济组织之外,他们就没有机会分享合作运动带给会员的利益和优势。这种合作运动发展不平衡的结果是,它不仅没有起到消除地区之间经济发展不平衡的作用,反而有扩大这种差距的趋势。

第三节　印度农业合作经济组织发展的启示

(一) 尊重农民的意愿,坚持合作原则

农业合作经济组织是一个自愿的组织,对所有能够利用农业

[①] Indian Co-Operative Movement at a Glance, http://sailcooperativecredit. com/glance.php

合作经济组织的服务、并愿意承担社员义务的人员开放。没有性别、社会、种族、政治或宗教的歧视。农业合作经济组织是由社员控制的民主组织，社员积极参与制定农业合作经济组织的政策和农业合作经济组织的决策，选出社员代表对全体社员负责。在基层农业合作经济组织，社员应该有平等的投票权（一人一票），其他层次的农业合作经济组织也以民主的方式组成。

农业合作经济组织的成败取决于农民的合作意识和参与程度。在促进农业合作经济组织的发展中应尊重农民的意愿，坚持民办、民管、民受益的原则。因此给农民选择的权力是保持农业合作经济组织活力的重要条件，这种选择的权力既指选择加入的权力，也指选择退出的权力，后者似乎更为重要。中国发展农村合作经济组织要强调因地制宜、多种形式并存，坚持自愿和开放、社员民主管理、社员经济参与、合理分配、自主和自立等国际上公认的农业合作经济组织的原则。

（二）建立完备的法律体系

印度农业合作经济组织一开始就是在法律引导下成长起来的。法律不仅可以规范和激励合作社事业参与者的行为，也为更多的人帮助和支持农业合作经济组织提供了途径和保障，这就为其持续、稳定发展营造出良好的环境。印度为了规范和促进农业合作经济组织的建立和发展，为农业合作经济组织形式的企业提供一个公平竞争的环境，印度制定并多次修订了合作社法，而且根据印度公司法案，农业合作经济组织还可以注册为生产者联合公司。中国虽然已于 2007 年 10 月 31 日通过了农民专业合作社法，2008年7月1日已正式施行。但农民和基层对这部法律的了解还是一个长期的过程，还需要加强对这部法律的宣传。同时，农业部等有关部门还应进一步的合作、沟通，制定出相应的具有操作性的扶持政策和措施，尽快落实法律规定的金融、财政、税收等优惠政策，因地制宜地实施法律。此外仅仅颁布《农民专业合作社法》还不能满足中国农村合作社发展的需要，中国还应该加快相关配套法律的建设，形成促进合作社发展的法律体系。这部法律还是一部阶段性的法律，一些问题还有待完善和进一步的解决。怎样更为重要的是在农民专业合作社法颁布施行以后，合作社的建立和运营一定要严格遵守和依照这部法律，真正做到依法办社，科学办社。

（三）建立完善的组织体系

较为完整的组织体系，是印度农业合作经济组织稳定发展的重要保障之一。印度的农业合作经济组织一般分为初级合作社、地区合作社（联合会）、邦级合作社联社（联盟），有的还设立了全国性的合作社联盟。印度的各级合作社之间并没有组织上的隶属关系，上一级合作社建立的目的是能很好地为下级合作社服务。而相比而言中国只有很少几个省级合作社联合社（会），还有不少基层社成立不久就破产了，这都说明了建立健全合作社组织体系的重要性。中国的供销合作社虽然由于长期从事农村商品流通、农产品流通，形成了一个比较完整的网络体系，一支较为成熟稳定的经营队伍，与农民也有着亲密的天然联系。但是，中国的经营网络还有很多不适应现代流通的种种弊端，尤其是分散经营、各自为战的现象普遍存在。当务之急就是要用现代的商业流通方式去改造它、整合它、提升它。中国供销合作社要充分完善自身的经营网络,发挥网络在现代流通形势下所起到的重要作用,全面参与社会主义新农村建设。

(四) 处理好与政府的关系

从前面分析可以看出,印度农业合作经济组织的发展得益于政府的大力支持和推动,得益于政府建立一个有利于农业合作经济组织发展的稳定的保障体系。但是由于政府的过度干预,在某种程度上也阻碍了印度农业合作经济组织进一步的发展。因此,政府一定要处理好与农业合作经济组织发展的关系,一方面,政府要通过制订农业合作经济组织的发展规划和战略;加大财政支持力度,制定优惠的税收、信贷政策;加大技术扶持力度;增加人力资本的投入等措施支持、引导和推动农业合作经济组织发展,尽可能为农业合作经济组织的发展提供宽松的政治和社会环境,使农业合作经济组织与政府形成良性互动。另一方面,在这个过程中政府一定要摆正自己的位置,政府只能是一个引导者和服务者,政府应该主要解决国家如何指导和扶持农业合作经济组织发展以及如何为其发展提供良好的外部保障机制等问题,农业合作经济组织的内部活动包括与社员的关系,内部组织体系的建立和具体运作等问题,可以由农业合作经济组织根据国家的相关法律而制定的章程去解决。农业合作经济组织在发展过程中的所有环节都应该充分体现其民营性质。

（五）实施一体化经营，加大盈利能力

农业合作经济组织是商品经济高度发展的产物，是农民（或农场主）为了适应商品经济发展的需要而自发组织起来的。因此，建立农业合作经济组织就是要把农民组织起来主动地去适应市场。虽然农业合作经济组织不能简单地以赢利为目的，但是在强调其主要为内部成员提供服务的功能的同时，对外要有赢利能力，这样才可以持续发展。印度早期的合作化运动中，在农村建立具有理想主义性质，涵盖多重经济和社会目标的合作社被认为是合作社未来正确的发展战略而备受推崇，但不同的经济活动有着不一样的运作空间、组织规模和管理技巧，因此这种追求多重目标而不更多地关注经济效益的合作经济活动很少在实际运作中是成功的。[1] 在后来合作运动的发展过程中，印度逐渐改变了关注的重点，更加重视商业目标和经济效益，随着马哈拉施特拉邦合作糖厂和古吉拉特邦牛奶合作社在商业上的成功，更多的合作经济组织建立起来，印度的合作化运动又向前推进了一大步。

在组织管理和运营上，农业合作经济组织的建立和发展应该同农业产业化统一起来，实现产、加、销等高度一体化模式，使农业合作经济组织的机制与发展优势和公司制度的灵活、自主和规范结合在一起，建立起农业合作经济组织形式的大型商业企业。印度的农业合作经济组织之所以能迅速的发展，就在于它

---

[1] P. R. Dubhashi, "Strategy of Cooprative Development in India", Annals of Public & Co-operative Economy. Oct-Dec1968, Vol. 39 Issue 4, p563

产、加、销一体化的运营模式,这种模式既能避免中间商的盘剥,又能利用自己的加工厂对牛奶、甘蔗、棉花等农产品进行加工,然后将其初加工和深加工处理后的农产品甚至工业制成品以统一的品牌进行销售,形成品牌效应,这样在农产品收集和加工处理阶段所产生的附加值便通过销售而得以实现,社员的收益便会大大增加,农业合作经济组织也因此迅速的发展壮大。而中国农村合作社只有少数尝试实施一体化经营,与印度相比差距明显。只有一体化经营尽快成长起来,中国合作社才会有一个大发展。

(六)促进信贷合作社与非信贷合作社的协同发展

信贷合作社与非信贷合作社具有不同的运行特点,既应该形成各自独立的合作社体系,按照各自的特点和规范健康运行;又需要加强联合,相互依存,优势互补。加强信贷合作社与非信贷合作社的联合,不仅可以为信贷合作社提供稳定的贷款对象,把贷款投向法人而不是分散的分布广泛的自然人,在保证贷款为农民服务功能的同时降低贷款风险;而且有利于为非信贷合作社形成稳定可靠的资金来源,促进非信贷合作社的发展。因此,凡是合作社办得比较成功的国家,都重视信贷合作社的发展并建立起信贷合作社与非信贷合作社协同发展的机制。[1] 印度的信贷合作社系统在印度农村、农业以及其他农业合作经济组织的发展过程

---

[1] 黄步军:"印度合作社:广泛社会基础和庞大系统网络",中国农业科技推广网,http://www.agricoop.net

中始终发挥着非常重要的融资作用。针对中国银行和农村信用社实施商业化改造、农户和其他专业合作社资金日趋短缺的现实，尝试在农民专业合作社内发展信贷业务、建立新的信用合作社，并同时加强信贷合作社与非信贷合作社的协同发展，以缓解农村资金短缺的矛盾，并完善中国农民合作社组织体系。

（七）突出合作社的文化特征

思拉恩·埃格特森的《新制度经济学》认为，经济制度内在地包含了一套约束经济主体行为的文化价值偏好。如果一套制度没有一种理性的精神要素作为制度体系的基础，它将无法寻找到自身运作的动力源泉，那么这项制度就会成为空中楼阁。因此，农业合作经济组织作为一种制度必须要体现出自己独特的文化特征。农业合作经济组织文化的基础是人文主义，人文主义主张个性解放和自由，是一种提倡尊重人、关怀人、以人为本的世界观；农业合作经济组织文化的核心是集体主义，在吸纳了人文主义中以人为本价值精华的基础上，提倡团结互助、诚信、公开、社会责任与关心他人的集体主义的道德准则。[1] 农业合作经济组织文化及其制度把集体主义和人文主义价值观统一起来，实现了两者的融合。农业合作经济组织强调以人为本，人的联合，又以集体性的制度安排在充分体现公平，强调人权的基础上帮助成员满足其经济和社会的需求，因此，农业合作的制度得以在世界范围内迅速传播和发展起来。

---

[1] 孙亚范：《合作社组织文化探析》，《农业经济》，2003年第1期。

在中国由于人的主体意识淡薄，经济生活中缺乏普遍的契约精神和合作精神，缺乏合作经济组织产生和健康运行的文化基础。[1] 因此，要促进中国农民专业合作社的发展，就必须要大力提高农民的科学文化知识，培养他们的合作意识、集体意识和制度意识。另一方面，从世界各国农业合作经济组织发展的历史可以看出，文化的多样性导致了农业合作经济组织的多样性，即使是相同的国家，因为文化背景不同，不同地区农业合作经济组织的发展状况也截然不同。因此，在发展农业合作经济组织事业时，首先，不能忽视不同地区的文化特性，必须坚持从各地的实际情况出发，因地制宜，区别对待，尊重基层的创造，不强求一种模式；我国农业与农村发展尚处于较低水平，农村经济落后地区众多，农民的文化素养，认识水平都还有待提高，农民利益和收入分化显著，这些都决定了我国农民专业合作社应该以多种不同的模式而存在，不能不顾客观事实的不同而强求同一性和统一性。其次，必须着力塑造合作社的精神，形成合作社的核心价值观，并以合作社的价值观和合作社精神引领中国合作社的文化建设，构建具有中国合作社特色、自身特点和时代特征的文化体系，增强合作社的向心力和凝聚力。[2]

---

[1] 孙亚范：《合作社组织文化探析》，《农业经济》，2003年第1期。
[2] 巴基斯坦、印度、印度尼西亚三国合作社考察报告，《中国合作经济》2007年第4期。

参考文献

（一）中文部分

[1] 鲁达尔·达特等著，雷启淮等译：《印度经济》（中文版），四川大学出版社1994年版。

[2] 雷启淮：《印度农村产业结构研究》，四川大学出版社，1997年版。

[3] 文富德：《印度经济发展、改革与前景》，巴蜀书社，2003年版。

[4] 德姆塞茨：《所有权、控制与企业》，经济科学出版社，1999年版。

[5] 林承节：《印度现代化的发展道路》，北京大学出版社，2001年版。

[6] 〔英〕杜德：《早期英国统治下的印度经济史》，伦敦，1950年版。

[7] 《欧文文选》第2卷，商务印书馆，1981年版。

[8] 《傅立叶选集》，第3卷，商务印书馆，1982年年版。

[9] 〔印〕M. L. 金刚：《发展经济学和计划》，德里，1992年英文版。

[10] 罗麦西杜德：《不列颠早期统治下的印度经济史》，1956年版。

[11] 张卫东：《新制度经济学》，东北财经大学出版社，2010年版。

[12] 诺斯："制度变迁与经济增长"，《现代制度经济学》，北京大学出版社，2003年版。

[13] 卢现祥:《新制度经济学》,武汉大学出版社,2006年版。

[14] 丁为民:《西方合作社的制度分析》,经济管理出版社,1998年版。

[15] 威廉姆森:《资本主义经济制度》,商务印书馆,2002年版。

[16] 巴泽尔:《产权的经济分析》,上海三联书店,1997年版。

[17] 科斯等著:《财产权利与制度变迁——产权学派与新制度学派译文集》,上海三联书店,1991年版。

[18] 萨维帕里·高帕尔:《尼赫鲁文选》,德里,1980年版。

[19] 布赖特·塔哥特:《贾·尼赫鲁重要演说集》,拉合尔,1945年版。

[20] 贾瓦哈拉尔·尼赫鲁:《印度的发现》,1947年版。

[21] 薇拉安斯泰著:《印度经济的发展》,伦敦,1952年第4版。

[22] 马宗达等著:《高级印度史》,商务印书馆,1986年版。

[23] 赵维清、姬亚岚等编:《农业经济学》,清华大学出版社,2013年8月版。

[24] 〔冰〕思拉恩·埃格特森:《新制度经济学》(中文版),商务印书馆,吴经邦等译,1996年版。

[25] 〔印〕R. P. 萨拉夫:《印度社会》,商务印书馆,1977年版。

[26] 徐更生、熊家文主编:《比较合作经济》,中国商业出版社,1991年版。

[27] 彭德琳:《新制度经济学》,湖北人民出版社,2002年版。

[28] 弗.R.弗兰克尔著,孙培军等译:《印度独立后政治经济发展史》,中国社会科学出版社,1989年版.

[29] 《资本论》第3卷,人民出版社,1975年版。

[30] 《马克思恩格斯全集》第36卷,人民出版社,1964年版。

[31] 《马克思恩格斯全集》第16卷,人民出版社,1964年版。

[32] 《马克思恩格斯选集》第2卷,人民出版社,1972年版。

[33]《列宁选集》第4卷,人民出版社,1972年版。

[34] 管爱国、符纯华:《现代世界合作社经济》,中国农业出版社,2000年版。

[35] 米鸿才等编著:《合作社发展简史》,中共中央党校出版社,1988年版。

[36] 王树桐:《世界合作社运动史》,山东大学出版社,1996年版。

[37] 高放、张泽森、曹德成主编:《当代世界社会主义文献选编》,中国人民大学出版社,1990年版。

[38] 张晓山:《走向市场:农村的制度变迁与组织创新》,经济管理出版社,1996年版。

[39] 张晓山、苑鹏:《合作经济理论与实践》,中国城市出版社,1991年版。

[40] 宣杏云、徐更生主编:《国外农业社会化服务》,中国人民大学出版社,1993年版。

[41] 牛若峰、夏英:《农村合作经济发展概论》,中国农业出版社,2000年10月版。

[42] 洪远朋主编:《合作经济的理论与实践》,复旦大学出版社,1996年版。

[43] 冯开文:《合作制度变迁与创新研究》,中国农业出版社,2003年版。

[44] 程同顺:《中国农民组织化研究初探》,天津人民出版社,2003年版。

[45] 王景新:《乡村新型合作经济组织崛起》,中国经济出版社,2005年版。

[46] 吴藻溪:《近代合作思想史》,裳棣出版社,1950年版。

[47] 黄思骏:《印度土地制度研究》,中国社会科学出版社,1998年版。

[48] 俞家宝:《农村合作经济学》,北京农业大学出版社,1994年版。

[49] 张群:《论交易组织及其生成和演变》,中国人民大学出版社,1999年版。

[50] 〔日〕速水佑次郎、〔美〕弗农·拉坦著,郭熙保、张进铭等译:《农业发展的国际分析》,中国社会科学出版社,2000年版。

[51] 杨娜曼:《农民合作经济组织的制度经济学研究》,经济管理出版社,2012年版。

[52] 牛若峰:《也论合作制(上)》,《调研世界》,2000年第8期。

[53] 牛若峰:《也论合作制(下)》,《调研世界》,2000年第9期。

[54] 孔祥智:《农民专业合作经济组织:认识、问题及对策》,《山西财经大学学报》,2003年第5期。

[55] 孙良媛:《经营环境、组织制度与农业风险》,中国经济出版社,2004年版。

[56] 乐大成等:《农业产业化——农村经济发展的必然趋势》,《调研世界》,1998年第9期。

[57] 廖运凤:《对合作制若干理论问题的思考》,《中国农村经济》,2004年第5期。

[58] 郭红东等:《充分发挥农民合作社的作用,促进农业和农村经济的发展》,《中国农村经济》,1999年第11期。

[59] 王宁、林坚:《合作社与农业环境的可持续发展》,《南农业大学学报(社会科学版)》,2002年第2期。

[60] 张绍俊:《合作社经济是穷人的经济——兼论合作社与社会主义和谐社会的关系》,《中国合作经济》,2005年第8期。

[61] 张广智:《合作经济合作制合作经济组织》,《河南大学学报(社会科学版)》2003年第3期。

[62] 陈玉宇:《印度农村信贷合作社的盛衰——金融扶贫中的商业原则和政策干预》,《改革》,1996年第4期。

[63] 邹军：《合作经济的内涵及其在市场经济中的发展》，《中国集体经济》，2002年第4期。

[64] 陈锡文：《关于中国农业合作制的若干问题》，《农村合作经济经营管理》1999年第2期。

[65] 周立群，曹利群：《农村经济组织形态的演变与创新》，《经济研究》，2001年第1期。

[66] 高启杰、蔡志强、张海森：《发挥农民组织在保护农民权益中的作用：兼论新一代合作社发展经验对我国的借鉴作用》，中国改革发展研究院《农民权益保护》，中国经济出版社，2004年版。

[67] 张晓山：《合作社的基本原则与中国农村的实践》，《农村合作经济经营管理》，1999年第6期。

[68] 张晓山、苑鹏、国鲁来、潘劲：《农村股份合作企业产权制度研究》，《中国社会科学》，1998年第2期。

[69] 张晓山：《西方合作运动浅析》，《农村经济与社会》，1988年第3期。

[70] 林毅夫：《诱致性制度变迁与强制性制度变迁》，《现代制度经济学》（下卷），中国发展出版社，2009年版。

[71] 李昱姣：《空想的逻辑——欧文、傅立叶合作思想辨析》，《社会主义研究》，2009年第3期。

[72] 阿尔钦：《产权：一个经典的注释》，《财产权利与制度变迁》，上海三联书店，1994年版。

[73] 黄家明，方卫东：《交易费用理论：从科斯到威廉姆森》，《合肥工业大学学报（社会科学版）》，2000年第1期。

[74] 王洪涛：《威廉姆森交易费用理论述评》，《经济经纬》，2004年第4期。

[75] 诺思：《交易成本、制度和经济史》，《经济译文》，1994年第2期。

[76] 哈罗德·德姆塞兹:《关于产权的理论》,《现代制度经济学》(上卷),中国发展出版社,2009年版。王洪涛:《威廉姆森交易费用理论述评》,载于《经济经纬》,2004年第4期。

[77] 刘勇:《西方农业合作社理论文献综述》,《华南农业大学学报(社会科学版)》,2009年第4期。

[78] 李志民、宋艳萍、刘明星:《世界合作社运动概览》,《中共山西省委党校学报》,1988年第6期。

[79] 张五常:《经济组织与交易成本》,《经济解释》,商务印书馆,2000年版。

[80] 孙培钧:《印度失业问题浅析》,《南亚研究季刊》,2004年第4期。

[81] 科斯:《企业的性质》,《现在制度经济学》(上卷),北京大学出版社,2003年版。

[82] 科斯:《社会成本问题》,《财产权利与制度变迁》,上海三联书店,1994年版。

[83] 陈锡文:《关于中国农业合作制的若干问题》,《农村合作经济经营管理》1999年第2期。

[84] 邹军:《合作经济的内涵及其在市场经济中的发展》,《中国集体经济》,2002年第4期。

[85] 黄胜忠:《农业合作社理论研究述评》,《商业研究》,2009年第3期。

[86] 唐伦慧:《合作经济理论的几个问题》,《中国合作经济》,2004年12期。

[87] 山东社科院课题组:《关于发展农村合作经济组织的理论与立法问题》,《中共济南市委党校,济南市行政学院济南市社会主义学院学报》,2002年第4期。

[88] 傅晨:《"新一代合作社":合作社制度创新的源泉》,《中国农村经济》2003年第6期

[89] 李长健、冯果：《我国农民合作经济组织立法若干问题研究（上）》，《法学评论》，2005 年第 4 期。

[90] 韩俊：《关于农村集体经济与合作经济的若干理论与政策问题》，《中共党史研究》，1998 年第 12 期。

[91] 唐宗焜：《合作社功能和社会主义市场经济》，《经济研究》，2007 年第 12 期。

[92] 管爱国，刘惠译：《国际合作社联盟关于合作社定义、价值和原则的详细说明》，《中国供销合作经济》，1995 年第 12 期。

[93] 苑鹏：《现代合作社理论研究发展评述》，《农村经营管理》，2005 年 4 期。

[94]《巴基斯坦、印度、印度尼西亚三国合作社考察报告》，《中国合作经济》，2007 年第 4 期。

[95] 李利亚、陈自强：《印度农村合作社及其对中国的启示》，《安徽农学报》，2008 年第 14 期。

[96] 杨东群、李先德：《印度农业和农村的发展现状及问题》，《世界农业》，200 年第 6 期。

[97] 锋均：《印度失业问题》，《国际政治研究》，1985 年第 2 期。

[98] 余萍、王红玲：《印度农业基础设施建设的经验及其启示》，《现代农业科学》，2008 年第 1 期。

[99] 黄思骏：《印度独立后国大党的土地改革》，《世界历史》，1986 年第 2 期。

[100] 孙士海：《印度农业合作社的发展、作用与问题》，《南亚研究》，1988 年第 1 期。

[101] 贾西津，《印度非营利组织及其法律制度环境考察报告》，《学会》，2007 年第 4 期。

[102] 郭晓茹：《印度农民化肥合作社印象》，《江苏农村经济》，2008 年第 5 期。

[103] 权衡:"中国印度收入状况的比较",http://www.ce.cn/frontpage/hotsport/pl/200709/23/t20070923_13007336.shtml

[104] 夏英:《政府与合作社》,载于《中国合作经济》,2006年第7期。

[105] 马广博:《政府支持农业合作经济组织的政策选择》,《合作经济与科技》,2006年第1期。

[106] 许锦英:《资源禀赋诱导技术变革理论述评》,《东岳论丛》,2205年第3期。

[107] 王晓丹:《印度贫困农民的状况及政府的努力》,《当代亚太》,2001年第4期。

[108] 殷永林:《当代印度农民经济的分化》,《南亚研究季刊》,1999年第1期。

[109] 徐旭初、贾广东、刘继红:《德国农业合作社发展及对我国的几点启示》,《农村经营管理》,2008年5期。

[110] 国鲁来:《农民合作社发展的促进政策分析》,《中国农村经济》,2006年第6期。

[111] 黄步军:《印度合作社:广泛社会基础和庞大系统网络》,中国农业科技推广网,http://www.agricoop.net

[112] 黄正多:《农业合作经济组织对印度农产品价格稳定的作用》,《南亚研究季刊》,2013年第3期。

[113] 黄正多:《印度农业合作化及对其农业发展的作用》,《南亚研究季刊》,2009年第3期。

[114] 黄正多:《浅析印度的奶业合作社》,《生产力研究》,2008年第12期。

[115] 黄正多:《印度奶业合作社迅速发展的原因及其启示》,《南亚研究》,2008年第1期。

[116] 黄正多:《阿兰德合作模式及其对印度农村发展的作用》,《国际经济合作》,2008年第4期。

[117] 黄正多:《合作社发展: 印度的经验与教训》,《南亚研究季刊》, 2008年第1期。

[118] 黄正多:《印度农业现代化的技术性选择——基于"绿色革命"基础上的分析》,《南亚研究季刊》, 2008年第4期。

[119] 黄正多《印度农业合作经济组织发展中的政府作用》,《南亚研究季刊》, 2007年第4期。

[120] 黄正多:《印度农业现代化的现状、特点及其原因分析》,《南亚研究季刊》, 2006年第3期。

[121] 孙亚范:《合作社组织文化探析》,《农业经济》, 2003年第1期。

[122] 冯开文:《印度农村合作社的发展》,《中国农村经济》, 2007年第4期

[123] 曹建如:《印度的农业合作社》,《世界农业》, 2008年第3期。

[124] 胡波:《浅谈甘地的农村经济思想》,《中共长春市委党校学报》, 2006年第3期。

[125] 朱明忠:《评尼赫鲁的社会主义思想》,《当代亚太》, 1998年第8期。

[126] 彭树智:《甘地的农村经济思想及其道德观》,《南亚研究》, 1989年第2期。

[127] 尚劝余:《尼赫鲁经济思想及其实践试探》,《西北大学学报哲社版》, 1995年第1期。

[128] 戴家墨、尚劝余:《甘地与凯末尔的经济思想之比较》,《海南师范学报》, 1999年第3期。

[129] 宋登卯、蒋平:《尼赫鲁对印度农业现代化的贡献》,《企业家天地》, 2000年第2期。

[130] 金永丽:《略论尼赫鲁的农业政策》,《陕西师范大学学报(哲学社会科学版)》, 2000年第1期。

[131] 陶季邑:《孙中山和尼赫鲁的社会经济发展模式之比较》,《暨南学报(哲学社会科学)》, 1996年第3期。

[132] 马广博:《政府支持农业合作经济组织的政策选择》,《合作经济与科技》,2006年第1期。

[133] 夏英:《政府与合作社》,《中国合作经济》,2006年第7期。

[134]《印度乳品产业》,《今日印度》,2004年第12期。

[135] 罗小朋:《印度的农村合作社——科拉布尔地区农村考察》,《中国农村观察》,1987年第3期

[136] 邱焕双:《发展农民合作社的理论探析》,《长春理工大学学报(社会科学版)》,2004年第4期。

[137] 周俊玲:《印度奶业的发展经验与启示》,《世界农业》2003年第12期。

[138]《通讯:印度农村的牛奶生产者协会》,新华网,2006年2月19日。

[139] 于海莲:《印度人口增长状况分析》,《亚太研究》,1992年2期。

[140] 邹军:《合作经济的内涵及其在市场经济中的发展》,《中国集体经济》,2002年第4期。

[141] 王正谱编译:《印度政府在农业合作社发展中的作用》,《农村合作经济经营管理》,1994年12期

[142] 雨田:《印度销售合作社在农村流通中的作用》,《南亚研究季刊》,1985年第2期。

[143] 徐旭初、贾广东、刘继红:《德国农业合作社发展及对我国的几点启示》,《农村经营管理》,2008年5期。

[144] 马彦丽:《论中国农民专业合作社的识别和判定》,《中国农村观察》,2013年第3期。

[145] 司马军:《试析印度合作社为农业提供的社会化服务》,《南亚研究季刊》,1991年第2期。

[146] 司马军:《印度的牛奶合作社》,《中国农村经济》,1986年第7期。

(二) 英文部分

[1] Avishay Braverman and J. Louis Guasch: "Institutional Analysis of Gredit Co-operatives" *EconomicTheory of Agrarian Institutions*, edited by Pranab Bardhan Clarendon Press, Oxford 1989.

[2] Louis Putterman: "Agricultural Producer Co- operatives", *Economic Theory of Agrarian Institutions*, edited by Pranab Bardhan Clarendon Press, Oxford 1989.

[3] Varshney Ashutosh: *Democracy, Development and the Countryside*, Cambridge University Press, 1995.

[4] *Producer Co-operatives and Labor- managed Systems* (volume Ⅰ and volume Ⅱ) edited by David L. Prychitko andJaroslav Vanek. Cheltenham, UK Brookfield, US.

[5] Yoav Kislev: *Family Farms, Co-operatives and Collectives In Sustainable Agricultural Development*: the Role of International Cooperation International Associationof Agricultural Economist Queen Elizabeth Hous University ofOxford Darimouth 1992.

[6] Sanjaya Baru: *The Political Economy of Indian Sugar*, Delhi, Oxford University Press 1990.

[7] P. C. Bansil : *Economic Problems of Indian Agriculture*, Oxford & Ibh Publishing Co. New Delhi.

[8] Verma, S. K.: *Cooperative Centenary in India*, New Sector Magazine, No. 61, April/May, 2004.

[9] Kay A. *The Reform of the Common Agricultural Policy: the case of the MacSharry Reforms*, Wallingford, UK: CAB International Press, 1998.

[10] Government of India, *Selective Works of Jawaharal Nehru*,

Vol. IV, Orient Longman New Delhi, 1980.

[11] Onno—Frank van Bekkum, and Gert van Dijk (eds), *Agricultural Co-operatives in the European Union: trends and issues on the 21st Century*, Assen: van Gorcum, 1997.

[12] K. K. Taimni (ed) *Asia's Rural Cooperatives*, Westview Press, 1994.

[13] *Towards Socialist Transformation of Indian Economy*, edited by Ashok V. Bhuleshkar, Popular Prakashan, Bombay 1972.

[14] Ministry of Finance, Government of India, *Economic Survey*, every year.

[15] Tata Service Company, *Indian Statistics Outline*, every year.

[16] A. N. Agrawal: *Indian Economy, Problems of Development and Planning*, Wlley Estern Limited, 2004.

[17] Alok Ghosh, *Indian Economy, Its Nature and Problems*, Calcutta, The World Press Priviate Limited, 1987.

[18] Shankar Acharya *India's Economy, Some Issues and Answers*, New Delhi, Academic Foundation, 2003.

[19] Jeffrey D. Sachs、Ashutosh Varshney、Nirupam Bajpai, *India in the Era of Economic Reforms*, Oxford University Press, 2001.

[20] T. N. Srinivasan、Suresh D. Tendulkar, *Reintergrating India With the World Economy*, Oxford University Press, 2003.

[21] K. C. Pant: *Indian Development Scenario, Next Decade and Beyond*, New Delhi, Academic Foundation, 2003.

[22] RBI: *Report on Trend and Progress of Banking in India* 2004—2005, June 30, 2005.

[23] Gutumakh Ram Madan, *Indian Social Problems, Social Disorganization and Reconstruction*, Allied Publishers Private Limited, 1987.

[24] Isher Judge Ahluwalia & John Williamson: *The South Asian, Experience with Growth*, Oxford University Press, 2003.

[25] P. R. Dubhashi: *Strategy of Cooprative Development in India, Annals of Public & Co-operative Economy.* Oct-Dec1968, Vol. 39 Issue 4.

[26] Eleanor M. Hough: *"the Co-operative Movement in India"*, Oxford University Press. Fourth Edition 1959.

[27] *Statistical Information on the Co-operative Movement*, http://www.ica.coop.

[28] *The Amul Pattern*, http://www.domain-b.com

[29] Dorty, R. and Sonteram, K.: *Indian Economy*, Indian Press, 1984.

[30] A. N. Agrawal: *Indian Economy* (30th Edition), *a Division of New Age, International* (p) Limited, Publisher.

[31] Blyn George: *Indian Agricultural Trend* (1891-1947), Agricore Publishing House, New Delhi, 1966.

[32] Subir Gokarn: *The great agricultural imbalance*, Business standard, June 21, 2004.

[33] Mani Shankar Aiyar: *Growth, but its jobless*, Indian Express, December 23, 2003.

[34] Surendra Nath: *Controlling Population*, Hindu, January 31, 2004.

[35] Emelianoff, I. V. *Economic theory of cooperation*: Economic structure of cooperative organizations. Michigan: Edwards Brothers, Inc. 1942, reprinted by the Center for Cooperatives, University of California, 1995.

[36] Ahmad, R. and Uddin, S.: *New Dimensions of Indian Sugar*

Co-operative Industry in The Era of Globalization, http://www.ciriec.uqam.ca, 2005.

[37] P. R. Dubhashi: *Strategy of Cooprative Development in India*, Annals of Public & Co-operative Economy. Oct-Dec1968, Vol. 39 Issue 4.

[38] Irene Brown: Studies on Non-Alignment, *The Journal of Modern African Studies*, Vol. 4, No. 4 (Dec., 1966).

[39] Govindaraj Veerakumaran, "India", International Handbook of Cooperative Law 2013.

[40] *The Multi-State Cooperative Societies Act*, 2002.

[41] NABRD (1998): *Dossier on Co-operatives-State wise Status of the Co-operative Credit Structure (ST and LT)*, March 1997, Institutional Development.

http://www.amul.com/achievementsdairycoop.html.

[42] B. M. Vyas: *Institutional structure to susatain smallholder dairy marketing the Amul model*, http://www.ilri.cgiar.org.

[43] 印度国家乳业发展委员会网站 http://www.nddb.org.

[44] 印度农民肥料合作社网站: http://www.iffco.nic.in.

[45] 印度国家合作社联盟网站: http://www.ncui.net.

[46] 印度国家消费合作社联盟网站: http://www.nccf-india.com.

[47] 印度国家农业销售合作社联盟 http://www.nafed-india.com/home.asp.

[48] 古吉拉特牛奶销售合作社联盟网站: http://www.amul.com.

后 记

我非常感激在南亚研究所学习和工作以来,文富德教授无微不至的关怀和不厌其烦的悉心教导,同时我也很感谢陈继东教授对我的指导以及南亚所其他老师对我的帮助。尤其是该书的写作和修改,文富德教授给予了大量的帮助和指导,在此表示衷心的感谢。

最后,我感谢我夫人及所有家人,感谢他们在该书的写作期间为我分忧,给予我信心和动力。我更加感谢小黄豆的出生以及成长,让我的写作充满了快乐,也让我体会到了更多的责任,这将鞭策我更加努力地学习和工作。

黄正多

2014 年 8 月 20 日

图书在版编目(CIP)数据

印度农业合作经济组织发展研究/黄正多著.—成都：巴蜀书社,2015.10
(南亚前沿问题研究丛书)
ISBN 978-7-5531-0594-9

Ⅰ.①印… Ⅱ.①黄… Ⅲ.①农业合作组织—经济组织—研究—印度 Ⅳ.①F335.14

中国版本图书馆CIP数据核字(2015)第232878号

印度农业合作经济组织发展研究

黄正多 著

责任编辑	陈 礼
封面设计	张 科
出 版	巴蜀书社
	成都市槐树街2号 邮编 610031
	总编室电话：(028)86259397
网 址	www.bsbook.com
发 行	巴蜀书社
	发行科电话：(028)86259422 86259423
经 销	新华书店
印 刷	成都翔川印务有限责任公司
版 次	2015年10月第1版
印 次	2015年10月第1次印刷
成品尺寸	203mm×140mm
印 张	7.75
字 数	220千
书 号	ISBN 978-7-5531-0594-9
定 价	24.00元

本书如有印装质量问题,请与工厂调换